Lukas
und das Känguru

und weitere Vorlesegeschichten
von Eberhard Jürgen Sauter
mit Illustrationen von Ronald Dunckert

cLv

Christliche Literatur-Verbreitung e.V.
Postfach 11 01 35 · 33661 Bielefeld

1. Auflage 2014 (CLV)
(revidierte Fassung des im Jahr 2000 im Verlag SCM Hänssler erschienenen Buches)

© 2014 by CLV · Christliche Literatur-Verbreitung
Postfach 11 01 35 · 33661 Bielefeld
Internet: www.clv.de

Umschlaggestaltung und Satz: www.unikat.net
Druck und Bindung: www.schreckhase.de

Bestell-Nr. 256.326
ISBN 978-3-86699-326-6

Inhalt

Der Kindergeburtstag

BEI FAMILIE BERNER ging es an diesem Tag hoch her. Lukas, das jüngste der vier Kinder, feierte Geburtstag. Gestern war er sieben Jahre alt geworden. Seit einigen Monaten ging er in die Schule, und zum ersten Mal hatte er seine Schulfreunde eingeladen. Lukas hatte schon ziemlich viele Schulfreunde: Sieben wollten kommen; zwei Mädchen und fünf Jungen.

Das Tolle an einem Geburtstag ist ja unter anderem, dass man immer etwas geschenkt bekommt. Lukas war sehr gespannt darauf, was ihm seine Freunde mitbringen würden. Besonders freute er sich über das Geschenk von Daniel: ein Feuerwehrauto mit ausziehbarer Leiter. Auch die dicken Filzstifte, die er von seiner Nebensitzerin Luisa bekommen hatte, konnte er sehr gut gebrauchen. Mit Robins Geschenk jedoch wusste Lukas wenig anzufangen: Dieser Weltraum-Kampfroboter in der Form eines Skorpions machte ihm richtig Angst. Auf Knopfdruck gab das schreckliche Ding alle möglichen Kampfgeräusche von sich und ließ die Augen rot blinken, während es mit seinem Schwanz wackelte. Lukas wusste genau, dass seine Eltern ihm den Roboter sowieso wegnehmen würden, und er wollte ihn auch gar nicht haben. Aber was sollte er zu Robin sagen? Auch hatte er Angst, die anderen könnten ihn deshalb auslachen.

»Meine Eltern erlauben nicht, dass …« Weiter kam Lukas nicht: Es hatte an der Tür geklingelt. Alle Kinder rannten zum Eingang. Der Roboter war vergessen. Anna war noch gekommen. Jetzt waren alle Gäste da. Anna war zwar ein schüchternes Mädchen, aber Lukas konnte sie sehr gut leiden, weil sie immer so freundlich zu ihm war. Schnell machte er sich daran, ihr kleines Geschenk auszupacken. Anna hatte ihm eine Tafel Schokolade mitgebracht. Nicht weniger und nicht mehr. Lukas war schon ein wenig enttäuscht, als

er das kleine Päckchen ausgepackt hatte. Natürlich versuchte er, sich nichts anmerken zu lassen.

Robin dagegen rief lauthals: »Was? Nur eine Schokolade?« Die anderen lachten. Anna wurde ganz rot im Gesicht. Sie schaute auf den Boden und bekam feuchte Wangen. Sie tat Lukas leid. »So 'ne Schokolade mag ich am liebsten! Und außerdem hab ich schon so viele andere Sachen bekommen«, sagte Lukas großzügig. Anna wischte sich die Tränen am Ärmel ab und lächelte, sodass man ihre große Zahnlücke sehen konnte.

Lukas' Papa kam heute früher nach Hause, weil er ja den Geburtstag mitfeiern wollte. Als er da war, rief Lukas' Mutter die Kinder ins Esszimmer. Dort gab es Kakao und Kuchen.

Anschließend wurden Spiele gemacht. Der Vater hatte sich so manches ausgedacht; mit Topfschlagen musste es natürlich losgehen.

Alle waren bei der Sache, nur Robin hatte immer sehr schnell keine Lust mehr. Er konnte es überhaupt nicht vertragen, zu verlieren. Er versuchte, die anderen der Mogelei zu beschuldigen. Weil das jedoch nicht so einfach war, verschwand er schließlich ins Kinderzimmer.

Der Nachmittag war im Nu vorbei. »Tja, Leute, wenn's am schönsten ist, muss man aufhören!«, meinte Papa schließlich. Sofort fingen die Kinder an, zu protestieren; als sie jedoch hörten, dass es Pizza zum Abendessen gab, schlug der Protest in Begeisterung um.

Vor dem Essen sprach Lukas' Papa ein Tischgebet: »Alles, was wir haben, so auch diese Gaben, sind, o Herr, von dir. Wir danken dir dafür. Amen.«

»Müsst ihr etwa immer beten vorm Essen?«, wurde Lukas von Robin gefragt.

»Aber wir müssen uns doch bei Gott bedanken, dass wir die gute Pizza haben und all die Sachen«, sagte Lukas in selbstverständlichem Ton.

»Bei Gott bedanken?«, fragte Robin. »Mein Vater hat gesagt, dass es den gar nicht gibt.«

»Dann weiß es dein Vater eben nicht richtig. Schließlich hat Gott die ganze Welt gemacht, alle Blumen und Bäume, die ganzen Leute und erst recht die Tiere.« Lukas hatte daran überhaupt keinen Zweifel. Robin schüttelte den Kopf. »Mein Vater hat gesagt, dass das gar nicht wahr ist. Er hat gesagt, dass alles von alleine so gekommen ist. Ja genau: Alles ist durch Zufall entstanden.«

Die meisten der anderen Kinder hatten Lukas und Robin nicht zugehört, sie waren schon längst ins Pizza-essen vertieft. Nun jedoch mussten sie aufschauen, denn Lukas begann laut zu lachen.

»Was hast du denn auf einmal?«, fragte Robin unsicher. »Och, nichts«, sagte Lukas, »ich stell mir nur gerade vor, wie zufällig Elefanten entstehen. Die sind doch viel zu groß dazu. Außerdem muss doch einer sagen, wie die aussehen sollen. Das hat sich alles Gott ausgedacht, das mit dem langen Rüssel und den großen Ohren.«

Robin überlegte. Er war sich nicht mehr so sicher, ob sein Vater am Ende vielleicht unrecht hatte. Er sagte nichts mehr.

Bald nach dem Abendessen mussten Lukas' Freunde nach Hause. Als sich Robin von Lukas verabschiedete, war er etwas komisch. Er wollte noch etwas sagen, traute sich aber erst nicht. Endlich rückte er damit heraus: »Ich … ich wollte mich noch entschuldigen, dass mir der Roboter runtergefallen ist.« Erwartungsvoll schaute er zu Lukas, der jedoch nicht wusste, um was es ging.

»Na ja, als ihr heute Nachmittag im Wohnzimmer Spiele gemacht habt, wollte ich mit dem Skorpion spielen, den ich dir geschenkt habe. Dabei ist er kaputtgegangen. Du sagst doch nichts zu meinen Eltern, oder?«

Jetzt begriff Lukas, dass es um diesen schrecklichen Weltraumroboter ging. »Ist doch nicht so schlimm«, sagte er in großzügigem Ton und bot Robin ein Stück von Annas Schokolade an.

»Kommst du mal zu mir?«, fragte Robin kauend. »Hmm …«, überlegte Lukas. Er wusste nicht, was sie dort spielen würden. Er merkte, dass er

Robin noch gar nicht richtig kannte. Na ja, das würde sich ändern lassen, ihm würde schon etwas einfallen. »Okay, morgen nach der Schule?« In Robins Gesicht kam ein Lächeln. Er hatte bisher nur wenige Freunde. Erleichtert konnte er nach Hause gehen.

Anna war traurig, dass die Geburtstagsfeier schon zu Ende war. Sie wäre am liebsten noch da geblieben. Lukas' Mutter bemerkte das. »Wenn es dir bei uns gefallen hat, Anna, darfst du sehr gerne mal wiederkommen, auch wenn gerade keiner Geburtstag hat.« »Au ja, gerne!«, rief Anna. Bevor sie ging, bedankte sie sich bei Lukas und seinen Eltern, dass sie sie eingeladen hatten. Anna war die Einzige, die sich bedankte.

Als der letzte der kleinen Gäste schließlich nach Hause gegangen war, kam die ganze Familie wie jeden Abend zur Andacht im Wohnzimmer zusammen.

Heute war die Geschichte von der armen Witwe dran, die vom Herrn Jesus gelobt wurde, weil sie die zwei Münzen – alles, was sie besaß – in den Opferkasten am Eingang des Tempels einwarf. Lukas war beeindruckt. »Papa, warum hat die Frau denn nicht eine Münze selbst behalten, wenn sie doch so arm war?«

»Nun, Lukas, sie wollte Gott eben alles geben, was sie hatte, nicht nur die Hälfte. Danach hatte sie nichts mehr, nur noch das Vertrauen, dass Gott ihr helfen würde. Die Geschichte dieser armen Witwe wurde für alle Zeiten in der Bibel festgehalten, als Beispiel für uns, die wir meistens nur von unserem Überfluss abgeben. Übrigens ist es ähnlich mit deiner Schulfreundin Anna: Bis vor drei Jahren war ihr Vater einer meiner Arbeitskollegen. Seit dieser Zeit ist er arbeitslos. Wenn sie dir ›nur‹ eine Tafel Schokolade mitgebracht hat, so ist das schon viel, denn ihre Mama muss bestimmt jeden Cent zweimal umdrehen, bevor sie ihn ausgeben kann.«

»Dann müssen wir Gott jetzt sagen, dass er Annas Vater wieder eine Arbeit geben soll«, meinte Lukas.

»Ja, das ist eine gute Idee, Lukas«, sagte der Vater, »das machen wir.«

Die Mutprobe

LUKAS LIEF DER SCHWEISS über die Stirn, obwohl er nur das Nötigste anhatte – so heiß war es. Seit beinahe drei Wochen hatte es schon nicht mehr geregnet, nicht mal ein kleines Gewitter hatte etwas Abkühlung gebracht. Lukas war mit dem Fahrrad unterwegs zum Wald. Dort spielten er und seine Brüder nun öfter, weil es dort am kühlsten war. Thomas und Winni – sie waren elf und dreizehn und somit um einiges älter als Lukas – hatten mit ihren Freunden aus der Siedlung eine Bande gegründet. Selbstverständlich wäre Lukas gerne dabei gewesen. Allerdings war es auch klar, dass sie keine »Kleinkinder«, wie sie Lukas nannten, gebrauchen konnten.

Alles, was sie unternahmen, war schrecklich geheim. Und sooft Lukas versuchte, irgendetwas von Thomas oder Winni zu erfahren, ließen sie ihn einfach stehen. Bevor seine Brüder Mitglieder in dieser Bande geworden waren, waren sie eigentlich ganz in Ordnung gewesen, doch in letzter Zeit waren sie richtig doof, fand Lukas.

Es ließ ihm keine Ruhe: Er musste wissen, was die Großen dort im Wald machten. Lukas war auf sein Fahrrad gestiegen und fuhr zum Wald, wo die Bande ihr Lager gebaut hatte.

Er fuhr den langen Waldweg entlang, bis er auf eine Ansammlung von etwa zehn Fahrrädern stieß. Darunter erkannte er die beiden, die Thomas und Winni gehörten. Durch ein dichtes Nadelgehölz, das vor ihm begann, drangen die Stimmen der Jungen zu ihm hindurch. Lukas beschloss, sich anzuschleichen und sie zu beobachten. Das Unterholz und die Nadelbäume wurden immer dichter, sodass es für Lukas schwierig wurde, hindurchzukommen. Die dünnen, trockenen Äste zerkratzten ihm Beine und Arme, doch Lukas kämpfte sich tapfer weiter. Die Bäume umgaben ihn mit einer dunklen Kühle.

Weiter vorn wurde es hell und bunt. Auf einer kleinen Lichtung hatten sich seine Brüder und ihre Freunde versammelt. Die Jungen waren gerade dabei, einen neuen Anführer zu bestimmen. Lukas konnte jedoch nicht alles verstehen, er musste sich noch weiter an die Lichtung heranarbeiten. Dabei trat er auf einen dürren Ast, der unter lautem Knacken zerbrach.

»Was war das? Habt ihr das auch gehört?«, rief einer von ihnen. »Hey, wir werden wohl belauscht. Wir suchen das Gelände ab!«

Die Jungen verteilten sich. Lukas spürte sein Blut in den Schläfen pochen, er legte sich ganz flach auf den Boden. Und wenn nicht die dummen Waldameisen gewesen wären, die ihm über die Beine und unter sein Hemd krabbelten und ihn wie verrückt kitzelten, hätten ihn die Großen wohl auch nicht so schnell gefunden.

Einige Minuten später war Lukas an einen Baum gefesselt. Nun wurde beraten, was mit dem Gefangenen geschehen sollte.

»Wir machen gar nichts mit ihm«, schlug einer der Ältesten vor, »wir lassen ihn einfach über Nacht hier an den Baum gefesselt. Bei den ganzen Viechern, die hier nachts rumlaufen, wird er schon seinen Spaß haben.«

»Das können wir nicht machen, Mann. Lasst uns ihn jetzt wieder nach Hause schicken«, warf Winni ein. Er versuchte, das Beste für seinen kleinen Bruder herauszuschinden.

»Einfach so heimschicken? Das geht nicht«, sagte Klaus, »aber wir können ihn mal ein bisschen verprügeln und dann gehen lassen. Dann kommt er bestimmt nicht wieder.«

Die anderen lachten. Sie dachten sich noch viele gemeine Dinge aus, bis Lukas schließlich vor Angst zu weinen begann. Schließlich kam Thomas auf die Idee, Lukas eine Mutprobe machen zu lassen und ihn dann in die Bande aufzunehmen.

»Okay«, meinte Klaus, der seither immer der Anführer gewesen war, »okay, dein kleiner Bruder bekommt eine Chance.«

»Die Mutprobe muss aber richtig fies sein, sonst sind wir hier bald ein Kindergarten«, meinte ein anderer. Ja, darin waren sich alle einig, dass die Mutprobe so sein sollte, dass Lukas sie gar nicht bestehen konnte. Schließlich wollten sie ihn nicht in ihre Bande aufnehmen.

Es wurde beschlossen, Lukas eine Mutprobe aus mehreren Teilen machen zu lassen, wobei zu Beginn niemand wusste, wie viele Teile es werden würden. Die Waldlichtung, auf der sich das Lager der Jungen befand, war an einem Rand mit großen, dichten Brennnesselstauden bewachsen. Der dicke Heiner hatte die Idee, dass Lukas zuerst dieses Brennnesselfeld durchqueren musste.

Thomas riet Lukas, lieber gleich aufzugeben und heimzugehen. Doch Lukas biss die Zähne zusammen und begann, sich durch die Nesseln zu kämpfen, die teilweise höher waren als er selbst. Er versuchte, die direkt vor ihm stehenden Pflanzen unten am Stiel niederzutreten. Doch schon nach kurzer Zeit brannte seine Haut überall wie Feuer. Hätte er eine lange Hose angehabt, wäre er vielleicht mit Anlauf durchgerannt. Aber so musste er aufgeben, wenn er nicht vom Brennnesselsaft aufgelöst werden wollte.

Die Jungen hatten ihn schweigend beobachtet. Winni hatte schon mit sich gerungen, ob er seinen Bruder dort nicht herausholen sollte. Nun kam Lukas rückwärts aus dem Tunnel heraus, den er sich selbst in die Nesseln gebahnt hatte. Überall war er mit roten Stellen bedeckt. Mit Spucke, Reiben und Kratzen versuchte er, sich etwas Linderung zu verschaffen. Lukas hatte zwar aufgegeben, aber er hatte beschlossen, nicht zu weinen, auch wenn das Brennnessel-Gejucke nahezu unerträglich wurde. Er hatte sich nicht zum ersten Mal an einer Brennnessel gebrannt, und so wusste er, dass es, obwohl es jetzt viel schlimmer war, wieder aufhören würde. Zugegeben, ein paar Tränen konnte er nicht verhindern.

Alle schauten auf Lukas. Keiner sagte etwas. Lukas wartete darauf, dass sie ihn jetzt davonjagten, weil er die Mutprobe nicht bestanden hatte.

Eigentlich hatten die Jungen ja Mitleid mit Lukas, wie er so dastand, überall mit Brennnesselausschlag bedeckt. Aber sie konnten ihn deswegen nicht in die Bande aufnehmen.

Endlich sagte Klaus zu ihm: »Wir werden uns noch mal eine andere Mutprobe für dich ausdenken. Komm am Sonntagmorgen wieder hierher, dann kriegst du vielleicht noch eine Chance. Und jetzt mach lieber 'ne Fliege.«

Moment mal, am Sonntagmorgen ging Lukas doch zum Gottesdienst. Da hatte er keine Zeit für solche Sachen. Wenn sich die Bande auch zu dieser Zeit traf, war es nicht die richtige Bande für ihn. Er drehte jetzt den Spieß um und sagte: »Hmm, wenn ich's mir richtig überlege, hab ich keine Lust mehr, bei euch mitzumachen! Und außerdem gehen wir sonntags zum Gottesdienst.«

Damit ließ Lukas die Großen, teilweise spottend, teilweise betreten, stehen und machte sich daran, zu seinem Fahrrad zu gehen. Als er den langen Waldweg nach Hause zurückradelte, kamen ihm schließlich doch die Tränen, weil seine

Haut so brannte, dass er fast verrückt zu werden glaubte. Durch die Tränen konnte er nur noch ganz verschwommen sehen, sodass er absteigen musste.

Auf einmal klingelte es hinter ihm. Seine Brüder Thomas und Winni hatten ihn eingeholt.

»Wir haben auch keine Lust mehr, bei denen mitzumachen«, sagte Thomas. Einige Zeit schoben die drei ihre Fahrräder schweigend nebeneinanderher. Dann sagte Winni zu Lukas: »Deinen Mut hätte ich auch gerne, Lukas.« »Was?«, fragte Lukas ungläubig zurück. »Wieso meinen Mut? Ich hab die Mutprobe doch überhaupt nicht bestanden!«

»Die meine ich doch gar nicht«, antwortete Winni, »wie du ihnen gesagt hast, dass wir sonntags zum Gottesdienst gehen, das war toll. Ich glaube, da warst du mutiger als Thomas und ich. Wir haben nämlich immer drum herumgeredet.«

Lukas schaute zu Winni hinüber; er konnte jetzt wieder unverschwommen sehen. »Los, wer zuerst zu Hause ankommt!«, rief er und sauste auf seinem Fahrrad davon.

Lukas und das Känguru

LUKAS WAR HEUTE von ganz allein früh aufgestanden. Heute war nämlich Samstag. Samstage waren im Allgemeinen immer besondere Tage, weil Lukas und seine Geschwister da nicht in die Schule mussten und Papa nicht zur Arbeit musste. Darum war es an Samstagen morgens immer viel gemütlicher als an anderen Tagen. Lukas durfte sich nach dem Aufwachen immer noch ein Weilchen zu seinen Eltern ins Bett kuscheln.

Nur heute Morgen war es ganz anders: Papa war schon die ganze Woche zusammen mit einem Kollegen auf einer Dienstreise. Und er sollte erst heute Abend nach Hause kommen. Lukas war sauer auf Papas Kollegen; wegen ihm hatte er die ganze Woche lang keinen Papa.

Mama hatte auch wenig Zeit für ihn; sie hatte von den Nachbarn fünf große Körbe mit Kirschen bekommen und hatte schon ganz früh am Morgen begonnen, Kirschkompott und Marmelade zu kochen.

So war Lukas eben zu seiner großen Schwester Johanna gegangen und hatte sie aufgeweckt. Weil er nicht zu ihr ins Bett kriechen durfte, hatte er sie ein bisschen geärgert, natürlich nur ein bisschen. Dennoch wurde er bald aus ihrem Zimmer geworfen.

Nach dem Frühstück ging es geradeso weiter. Außer seiner großen Schwester hatte Lukas ja noch zwei Brüder, Winni und Thomas. Die wollten jedoch an diesem Morgen auch nicht mit ihrem kleinen Bruder spielen. Sie tüftelten an Winnis Dampfmaschine herum. Früher war es Vaters Dampfmaschine gewesen, und sie funktionierte manchmal nicht mehr richtig.

Lukas trottete in die Küche und stieß seine Mutter an: »Mama, niemand will mit mir spielen.«

Die Mutter überlegte. »Vielleicht kannst du etwas mit Lego bauen, das hast du doch schon länger nicht mehr gemacht, oder?«

»Ich hab aber keine Lust. Mir ist so langweilig«, quengelte Lukas.

»Und was ist mit deinen Freunden? Könnt ihr nicht mal zusammen Rad fahren?«, fragte die Mutter.

»Nein, die sind doch alle mit dem Schwimmverein im Abenteuerbad. Warum darf ich nicht auch in den Schwimmverein?« Lukas war den Tränen nahe.

»Du weißt doch, dass deine Freunde auch sonntags zum Vereinsschwimmen müssen und dass wir da zum Gottesdienst gehen. Nächstes Wochenende ist Papa wieder da, dann kann er ja mit dir und deinen Geschwistern ins Abenteuerbad gehen. Und wenn du eines Tages gut schwimmen kannst, darfst du auch alleine mit deinen Brüdern oder einem Freund gehen.« Mama strich Lukas durch die Haare.

Lukas tat sich selbst sehr leid. Die anderen hatten Spaß, und er hatte Langeweile. Nie passierte ihm mal was Aufregendes.

Plötzlich sagte die Mutter zu ihm: »Weißt du was, Lukas, ich hab was für dich: Du kannst mir einen großen Gefallen tun. Mir geht der Zucker zum Marmeladekochen aus. Willst du mir schnell welchen kaufen, ganz allein? Bitte, du würdest mir damit eine große Freude machen. Machst du das?«

Lukas hatte auch hierzu keine Lust. Erst war Papa nicht da, dann durfte er nicht mit seinen Freunden ins Schwimmbad, und jetzt sollte er zur Strafe auch noch einkaufen gehen. Bevor er jedoch wieder anfing zu maulen, sagte er »Ja«, weil seine Mutter den Zucker doch brauchte.

Die Mutter erklärte Lukas, in welchem Laden er den Zucker kaufen sollte und wo genau der Zucker dort zu finden sein würde, gab ihm das Geld und setzte ihm den kleinen bunten Rucksack auf. Dazu gab sie ihm noch einen Euro: »Wenn du willst, darfst du dir ein Eis kaufen. Und pass auf, wenn du über die Straße gehst!«

Lukas rannte los. Als er an die Straße kam, sah er ein Polizeiauto um die Ecke biegen. Es hatte einen großen Lautsprecher auf dem Dach. Aus dem Lautsprecher krächzte eine Stimme, wenn der Polizist auf dem Beifahrersitz in ein Mikrofon sprach. Lukas blieb stehen. Zuerst verstand er kein Wort; erst als der Wagen langsam näher kam, bekam er mit, was der Sprecher sagte.

»Achtung, Achtung, hier spricht die Polizei! In der vergangenen Nacht ist ein Känguru aus dem Tierpark entwichen. Hinweise zum Auffinden und Einfangen des Kängurus teilen Sie bitte der Polizei oder der Zooverwaltung mit. Bitte seien Sie sehr vorsichtig; das Tier ist unberechenbar. Achtung, Achtung, hier spricht die Polizei …«

Lukas blieb mit offenem Mund stehen. So etwas gab es nicht alle Tage. Er hätte am liebsten gleich bei der Suche nach dem Känguru mitgeholfen. Typisch, gerade jetzt, wo es interessant wurde, musste er Zucker kaufen gehen. Das war heute ein blöder Tag.

Da fiel Lukas ein, dass ihm seine Eltern gesagt hatten, man solle Gott für jeden Tag danken. Und so etwas zu sagen wie »Das war heute ein blöder Tag«, war undankbar. »Danke für diesen komischen Tag«, murmelte Lukas, während er weitermarschierte.

Endlich war er am Supermarkt angekommen. Die Erwachsenen kamen sich an der Kasse sehr wichtig vor, und zwei drängelten sich vor, als Lukas die Zuckerpäckchen auf das Fließband legen wollte. Sein grünes Lieblings-Eis gab es heute auch nicht, sodass er sich mit einem einfachen Vanille-Eis behelfen musste. Seine Laune verschlechterte sich noch mehr, als ihm eine der Zuckertüten aufplatzte, als er sie in den Rucksack legte.

»Danke für diesen komischen Tag, lieber Gott«, sagte Lukas mit zusammengebissenen Zähnen. Er schleuderte sich den Rucksack, aus dem unten schon der Zucker herauszurieseln begann, auf den Rücken und leckte sich die klebrigen Finger ab.

Dann ging Lukas zwischen zwei parkenden Autos hindurch, um die Straße zu überqueren. Gerade in dem Augenblick, als er nach rechts und links schaute, bemerkte er, dass jemand hinter ihm stand und sich an seinem Rucksack zu schaffen machte. Als Lukas sich umdrehte, erschrak er ungeheuerlich: Hinter ihm stand ein echtes, großes, dunkelbraunes Känguru und wollte seinen zuckersüßen Rucksack anknabbern. Es war fast einen Kopf größer als Lukas, und es ist keine Schande zu sagen, dass Lukas große Angst bekam.

Ohne auch nur einen Blick auf die Straße zu werfen, rannte Lukas davon. Ein Autofahrer konnte zum Glück gerade noch rechtzeitig bremsen. Doch Lukas hörte nicht einmal mehr sein zorniges Hupen. Er rannte und rannte, doch als er sich umsah, sah er das Känguru, wie es mit wenigen großen Sprüngen hinter ihm herhopste. Über alle Hindernisse, um die Lukas herumlaufen musste, hüpfte es mit Leichtigkeit hinweg. Lukas kam nicht auf die Idee, seinen Rucksack abzuwerfen. Aber während er versuchte, vor dem Känguru wegzulaufen, kam ihm der Gedanke, dass das Känguru ihm wahrscheinlich gar nichts tun wollte. Es war sicher nur hungrig und wollte etwas von seinem Zucker schlecken. Lukas wurde immer langsamer, er war sowieso schon ganz aus der Puste.

Schließlich hat auch der beste Läufer auf die Dauer keine Chance gegen ein Känguru.

Als Lukas endlich stehen blieb, kam das Känguru, dem das Spielchen sehr gut gefallen hatte, ganz nah zu ihm und fing wieder an, an seinem Rucksack zu lecken, aus dem beim Rennen noch mehr Zucker herausgerieselt war. Nun hielt Lukas, der eigentlich sonst keine Angst vor Tieren hatte, den Zucker-Rucksack in der einen Hand und begann mit der anderen erst sehr vorsichtig, dann immer mutiger, das Känguru zu streicheln. Es mochte offensichtlich gerne gestreichelt werden. Besonders gefiel es ihm, hinter den langen Ohren gekrault zu werden.

»Was mach ich denn jetzt mit dir, du Känguru?«, sagte Lukas zu dem Tier.

Als er sich nun zum ersten Mal umsah, merkte er, dass sich um sie herum schon eine Menge Leute versammelt hatten. Sie sahen Lukas erwartungsvoll an; viele lachten, weil sie so etwas noch nie gesehen hatten und weil so ein Känguru auch recht lustig aussieht. Es stand auf seinen langen Hinterbeinen und stützte sich mit dem dicken Schwanz ab, während es mit seinen kurzen Vorderpfoten in Lukas' Rucksack wühlte, um an den Zucker heranzukommen.

»Ich glaube, ich muss dich jetzt zum Zoo bringen«, sagte Lukas zu dem Känguru, und zu den Leuten sagte er: »Was schaut ihr denn so, das ist doch nur ein Känguru! Sagt mir lieber, wo es hier zum Zoo geht!«

Ein Mann sagte zum Spaß, dass er dazu die Buslinie Fünf nehmen müsse. Lukas überlegte. Er kannte sich nicht so gut in der Stadt aus, weil er hier noch nie alleine gewesen war, aber er konnte sich daran erinnern, dass er mit den Großeltern einmal in den Zoo gegangen war. Von dort aus, wo er sich jetzt befand, war es recht weit.

Lukas überlegte noch, wie er zum Tierpark hinkommen sollte, als tatsächlich ein Bus der Linie Fünf kam. Die Haltestelle war ganz in der Nähe. So ging Lukas mit dem Känguru zum Bus und fragte den Fahrer, ob er zum Zoo führe. Der Fahrer war etwas sprachlos und nickte nur mit offenem Mund.

Lukas überlegte nicht lange und stieg ein, das Känguru im Gefolge. Er stellte sich zusammen mit dem Känguru in die Nische für die Kinderwagen. Die anderen Fahrgäste starrten die beiden an. Die meisten schauten drein, als wüssten sie nicht recht, ob sie sich fürchten oder freuen sollten.

Das Känguru erschrak, als sich der Bus in Bewegung setzte, doch es hatte ja so große Füße, dass es auch in den Kurven einen guten Stand hatte. Ihm war eigentlich nur wichtig, dass jetzt ein neues Zuckerpäckchen aufgemacht wurde.

Auf einmal musste Lukas anfangen zu lachen. Wer sollte ihm denn diese Geschichte abnehmen? »Vielen Dank für diesen komischen Tag. Vielen Dank für diesen schönen Tag, lieber Gott!«, sagte er lachend. Er achtete nicht auf die Leute.

Das Fell des Kängurus war ziemlich kurz, aber weich. Lukas streichelte es, während er mit ihm sprach. Am liebsten hätte er seine Hand einmal in den Beutel gesteckt, aber das traute er sich nicht. Er hatte schon gehört, dass die Känguru-Kinder dort wohnen, wenn sie noch klein sind.

Wie wohl der liebe Gott auf die Idee gekommen war, ein Tier zu machen, das so seltsam aussieht wie ein Känguru? Es sieht vollkommen anders aus als normale Tiere, Katzen, Hunde oder Vögel, dachte Lukas.

Der Busfahrer hatte über sein Funksprechgerät die Polizei benachrichtigt. Als der Bus nun vor dem Zoo anhielt, warteten schon zwei Polizisten, zwei Zoowärter, ein Reporter und eine Menge anderer Leute auf das Känguru. Als Lukas aus dem Bus stieg, wurde er mit dem Känguru fotografiert. Sie wurden dann in den Zoo geführt, und die Tierpfleger baten Lukas, das Känguru in sein Gehege zurückzubringen. Der Reporter hielt alles im Bild fest.

Lukas tat das Tier leid; jetzt wurde es wieder eingesperrt. »Schade, jetzt kann es gar nicht mehr so weit hüpfen, weil der Stall so klein ist.«

»Ja, es ist ziemlich eng hier, aber es wird wohl bald ein größeres Gehege für die Kängurus gebaut«, sagte einer der Tierpfleger.

Dann wurde Lukas von der Polizei und dem Reporter genau befragt, wie er das Känguru wieder zum Zoo zurückgebracht hatte. Als Lukas die Busfahrt schilderte, fiel ihm ein, dass er gar keinen Fahrschein gekauft hatte.

»Auweia, wir sind ja schwarzgefahren«, gestand er den Männern. »Ich hab es wirklich vergessen, die Fahrkarte zu lösen, ehrlich.«

Die Polizisten lachten: »Das hätten an deiner Stelle wohl noch mehr Leute vergessen.« Und der Reporter strich Lukas über den Kopf: »Das ist eine tolle Geschichte; möchtest du damit in die Zeitung kommen?« »Na ja, da war ich noch nie drin«, antwortete Lukas.

Nun fiel ihm ein, dass seine Mutter bestimmt schon lange auf den Zucker wartete. Und außer einem klebrigen Geschmiere hatte er kaum noch etwas im Rucksack. Als die Polizisten das erfuhren, fuhren sie kurzerhand mit Lukas zum Supermarkt zurück und besorgten noch einmal mehrere Päckchen Zucker. Diesmal wurde der kleine Junge von allen Leuten an der Kasse vorgelassen, weil er mit seinen uniformierten Begleitern noch wichtiger aussah als die Erwachsenen.

Anschließend brachten ihn die Polizisten nach Hause. Die Mutter und Lukas' Geschwister schauten schon aufgeregt aus dem Fenster. Als sie Lukas aus dem Polizeiauto steigen sahen, rannten sie alle aus dem Haus, ihm entgegen.

»Was ist denn mit dir passiert, Lukas?«, rief die Mutter ängstlich.

»Och, nichts, Mama, ich hab nur ein Känguru getroffen.«

Lukas' Mama schloss ihren Jüngsten in die Arme, und die Polizisten erzählten ihr und den staunenden Geschwistern, was geschehen war. Als Papa später nach Hause kam, erfuhr er noch auf der Türschwelle die ganze Geschichte von Winni und Thomas, die sehr stolz auf ihren kleinen Bruder waren.

»Vielen Dank für diesen wunderschönen Abenteuer-Tag, lieber Gott!«, betete Lukas in seinem Abendgebet.

Am Montag, als die Zeitung erschien, wurde Lukas dann vollends berühmt: »Lukas und das Känguru – kleiner Junge bringt ausgerissenes Känguru im Bus zurück zum Zoo.«

Worte wie Federn

WIE ES LEIDER bei den meisten Geschwistern gelegentlich vorkommt, hatten Winni und Lukas heute Nachmittag einen heftigen Streit.

Winni hatte schlechte Laune, weil er in der Schule eine Fünf in der Biologiearbeit bekommen hatte. Sie hatten in Bio durchgenommen, dass sich das Leben auf der Erde im Laufe unendlich langer Zeit durch Zufall entwickelt habe. Winni hatte nun in der Arbeit geschrieben, dass Gott die Welt in sechs Tagen erschaffen hatte. Der Lehrer hatte ihm daraufhin eine schlechte Note gegeben und ihn vor der ganzen Klasse lächerlich gemacht. Winni war aus der Schule gekommen und hatte geweint. Lukas hatte seinen Bruder noch nie so heimkommen sehen.

Die Mutter bemühte sich beim Mittagessen, ihren Sohn zu trösten. Doch auch wenn Winni damit bekannt hatte, dass er an Gott glaubte, und ihm damit die Ehre gegeben hatte, so war es doch eine sehr bittere Erfahrung für ihn, vor der Klasse lächerlich gemacht worden zu sein. Er war sehr unglücklich und hatte auch am Nachmittag die mieseste Laune, die man sich vorstellen kann.

Als Winni merkte, dass Lukas seinen Kranwagen genommen hatte, ohne ihn vorher gefragt zu haben, und nun auch noch eines der Blinklichter abgebrochen war, entlud sich Winnis ganzer Zorn auf Lukas. Zuerst brüllten sich die Brüder an, dann wurde daraus ein Handgemenge.

Lukas versuchte, sich zu verteidigen, doch hatte er kaum eine Chance gegen Winni, der fast doppelt so alt war wie er. Endlich gelang es Lukas, sich loszureißen. Dafür wurde er von Winni durch die ganze Wohnung gejagt.

In Lukas' Zimmer, in dem er vorher mit seinen Hausaufgaben begonnen hatte, zerbrach Winni aus Wut zwei der Buntstifte, die Lukas erst neu bekommen hatte. Schimpfend und heulend rettete sich Lukas schließlich zur Mutter in die Küche. Winni ließ von ihm ab, brüllte ihm noch ein paar Schimpfwörter nach und verließ Türen schlagend das Haus. Die Mutter versuchte, Winni zurückzurufen, doch er hatte schon sein Fahrrad aus dem Hof gezerrt und raste ohne Helm die Straße hinunter.

»Der soll bloß fortbleiben, der Blödian!«, keifte Lukas. »Pssst! Jetzt beruhige dich erst mal und sag mir, was eigentlich los ist. Müsst ihr euch so hässlich streiten?« Die Mutter sah Lukas ruhig in die Augen.

»Hier hat er mich gekratzt, und da hat er mich getreten. Ich will ihn nie mehr sehen. Er soll ruhig vom Fahrrad fallen, dann weiß er, wie weh das tut!« Lukas konnte schließlich auch sehr wütend sein.

Die Mutter zog Lukas energisch zu sich: »So etwas will ich von dir bitte nie wieder hören, dass du deinem Bruder etwas Böses wünschst. Hast du mich verstanden, Lukas?«

Lukas versuchte nicht mehr, sich loszureißen; er merkte, dass seine Mutter es sehr ernst meinte.

»Du weißt doch, dass Jesus uns gesagt hat, dass wir sogar unsere Feinde lieben sollen und diejenigen segnen sollen, die uns fluchen. Und Winni ist kein Feind, sondern dein Bruder, Lukas. Als Hilfe zum Nachdenken wird es für dich diese Woche kein Taschengeld geben.«

Sollte das gerecht sein, wo doch Winni seine neuen Buntstifte zerbrochen hatte? Lukas kamen die Tränen, das war zu viel – schließlich war Winni schuld an dem Streit.

Gerade wollte Lukas protestieren, als das Telefon klingelte. Es war eine Nachbarin; sie war sehr aufgeregt. Winni war unten an der Kreuzung von einem Auto angefahren worden. Er sei sehr schnell auf die Hauptstraße zugefahren, zu schnell, um noch rechtzeitig anhalten zu können, sagte die Nachbarin. Das Auto habe nicht mehr bremsen können. Der Krankenwagen sei schon dort.

Sogleich liefen Lukas und seine Mutter zur Unfallstelle. Als sich Lukas endlich durch die Menge von

Schaulustigen hindurchgezwängt hatte, sah er nur noch, wie die Türen des Rettungswagens zugemacht wurden. Der Wagen fuhr mit Sirene und Blaulicht davon. Lukas blieb an der Unfallstelle zurück; er sah sich verzweifelt nach seiner Mutter um, doch konnte er sie unter all den Leuten nicht entdecken. Da sprach Frau Müller, die Nachbarin von gegenüber, ihn an: »Komm, Lukas, deine Mama ist mit Winni im Krankenwagen mitgefahren. Sie hat mich gefragt, ob ich dich nach Hause bringen kann.« Lukas betrachtete die Unfallstelle. Dicht vor einem leicht verbeulten Auto lag das Fahrrad seines Bruders; es war völlig kaputt.

Schwer schluchzend ging Lukas mit der Nachbarin nach Hause, er hielt es sowieso nicht länger am Unfallort aus. Wenn er wenigstens wüsste, wie es Winni ging, was für Verletzungen er hatte! Diese Ungewissheit quälte ihn besonders. Das Allerschlimmste war jedoch, dass er sich mitschuldig an diesem Unfall fühlte, hatte er doch seinem Bruder gewünscht, er möge vom Fahrrad fallen.

Eine ganze Weile hatte Lukas in einer Ecke von Winnis Zimmer gesessen

und geweint. Frau Müller hatte ihm vorgeschlagen, bei ihr zu warten, bis seine Mama oder sein Papa wieder nach Hause kämen, aber Lukas war lieber in die eigene Wohnung gegangen. Frau Müller hatte ihn eingeladen, jederzeit bei ihr zu klingeln, falls er nicht mehr allein sein wollte.

Nach einiger Zeit begann Lukas, Jesus sein Herz auszuschütten. Er betete, es möge Winni bald wieder gut gehen, und sagte Jesus, wie sehr es ihm leidtat, dass er seinem Bruder Böses gewünscht hatte. Erschöpft, aber etwas erleichtert, schlief Lukas auf dem Fußboden ein.

Lukas erwachte auf den Armen seines Vaters, der dabei war, ihn in sein Bett zu tragen. »Wie geht es Winni?«, fragte Lukas ängstlich.

»Es geht ihm ganz gut«, antwortete der Vater, »er hat einen sehr guten Schutzengel gehabt, Lukas. Außer einer Gehirnerschütterung und einem gebrochenen Bein fehlt ihm nichts. Der Arzt hat gesagt, er habe großes Glück gehabt, dass er keine schlimmeren Kopfverletzungen erlitten hat, so wie er auf das Auto geprallt ist.«

»Ich muss zu Winni ins Krankenhaus!«, sagte Lukas.

»Er schläft jetzt. Morgen werden
wir weitersehen. Du brauchst keine
Angst zu haben, er wird wieder
gesund. Ganz bestimmt. Jetzt, wo
du aufgewacht bist, kannst du noch
beim Abendgebet dabei sein. Wir
werden dabei besonders an Winni
denken.«

»Papa, ich wollte wirklich nicht, dass
Winni einen Fahrradunfall hat!«

»Das weiß ich, Lukas. Man muss
aber, auch wenn man sich sehr
ärgert, aufpassen, was man sagt
und tut. Worte sind wie Federn, die
man von einem Turm aus fliegen
lässt; man kann sie
nie wieder ein-
fangen.«

Winni
musste zwei
Wochen im
Krankenhaus
bleiben. Er
musste sich
ganz ruhig
verhalten
wegen seiner
Gehirnerschüt-

terung. Manchmal wurde ihm
schlecht, wenn er aufstehen wollte.
Außerdem hatte er ein Gipsbein und
musste mit Krücken gehen.

Sooft er konnte, ging Lukas mit ins
Krankenhaus, um seinen Bruder
zu besuchen. Winni merkte, dass
Lukas sich jedes Mal bemühte,
besonders freundlich zu ihm zu
sein. Einmal brachte er ihm einen
kleinen Modellbausatz mit, den er
selbst gekauft hatte. *Er muss sein
ganzes Taschengeld dafür zusam-
mengekratzt haben*, dachte Winni.
»Mensch, Lukas, du bist doch der
Ärmste von uns allen und bringst
mir so 'n tolles Geschenk mit?«

Lukas lächelte zurück. Winni freute
sich richtig. »Du tust fast so,
als wärst du schuld an
meinem Unfall.
Unser

blöder Streit ist doch schon längst vergessen, oder?«, meinte Winni.

Winni hatte ins Schwarze getroffen, Lukas kam sich ertappt vor. Er sah sich Hilfe suchend nach seiner Mutter um, die heute mit ihm zusammen ins Krankenhaus gekommen war.

»Pass mal auf, Winni«, sagte die Mutter, während sie den Arm um Lukas legte, »ich glaube, wir drei haben noch eine Sache aus der Welt zu schaffen.« Damit fing sie an, Winni davon zu erzählen, was Lukas in seinem Ärger gesagt hatte.

Lukas war sehr froh, dass sein Bruder nun Bescheid wusste. Wie bei jedem Besuch beteten sie noch zusammen, bevor sie Winni wieder allein ließen.

Draußen hüpfte Lukas neben seiner Mutter her zur Bushaltestelle. Das heißt, er flog mehr – so erleichtert war er. Sein Bruder wusste nun Bescheid und war ihm nicht böse, ja, er hatte ihn zum Abschied als Ersten auf seinem neuen Gips unterschreiben lassen. Und Jesus hatte ihm auch alles vergeben. Wenn das kein Grund zum Hüpfen war!

Zwei Monate dauerte es noch, bis Winni wieder ohne Krücken gehen konnte. Zum Glück blieben keine Schäden zurück. Für Lukas war die Geschichte jedoch eine Lektion, die er nie mehr vergaß.

Der Dieb

VON WEITEM SAH ES AUS, als wäre Lukas sehr traurig. Er kam mit gesenktem Kopf die Straße entlang. Es passte jedoch gar nicht dazu, dass er ab und zu in den Hopserlauf verfiel. Nun, Lukas war auch überhaupt nicht traurig, denn er hatte gestern nagelneue Schuhe bekommen. Und weil sie ihm so gut gefielen, musste Lukas immerzu nach unten, auf seine Füße, sehen. Beinahe wäre er gegen einen Laternenmast gelaufen. Er war auf dem Weg zur Schule. Die anderen würden ihn sicher um seine neuen Schuhe beneiden.

Ulli, Lukas' Nebensitzer, und einigen anderen Schulfreunden fielen sie tatsächlich gleich auf. Ulli war ein toller Kerl, er war nicht nur Lukas' Nebensitzer, sondern auch einer seiner besten Freunde. Manchmal konnte er aber ziemlich seltsame Späße machen, über die Lukas kaum noch lachen konnte. So hatte ihm Ulli letzte Woche Wasser in den Bleistiftspitzer gefüllt. Es war eine schöne Schweinerei, als das Wasser im Schulranzen auslief. In einigen Heften war die Tintenschrift so zerlaufen, dass man sie kaum noch lesen konnte.

In der dritten Stunde hatten sie heute Sportunterricht. Sport war eines von Lukas' Lieblingsfächern, war er doch einer der Schnellsten in der Klasse. Allerdings bekam er am Ende der Stunde einen Riesenschreck: Seine neuen Schuhe waren verschwunden! Er erinnerte sich genau, sie vorher beim Umziehen unter die Bank neben seinen Schulranzen gestellt zu haben. Dort waren sie jetzt nicht mehr.

»Wo sind meine Schuhe? He, hat jemand meine Schuhe gesehen?«, fragte Lukas nun.

»Du bist doch vorher ohne Schuhe gekommen, weißt du das nicht

mehr, dass du barfuß gekommen bist?«, witzelte Ulli.

»Oh, du hast meine Schuhe versteckt, hätte ich mir doch denken können. Gib sie sofort wieder her!«, rief Lukas. Heute verstand er keinen Spaß, dazu waren die Schuhe noch zu neu.

»Ich hab deine Latschen gar nicht versteckt!«, verteidigte sich Ulli ernsthaft.

Lukas wusste nicht, ob er seinem Schulfreund glauben konnte. Wer sollte es denn sonst gewesen sein? Inzwischen waren die meisten seiner Mitschüler fertig umgezogen und hatten den Raum verlassen. Zum Schluss stand Lukas ganz allein im Umkleideraum. Er hatte seine Schuhe noch immer nicht gefunden. Außerdem würde er jetzt zu spät zur Deutschstunde kommen. An den Ärger zu Hause wagte er schon gar nicht zu denken. Schluchzend zog er seine Turnschuhe an, nahm seine Siebensachen und ging hinüber zum Schulgebäude. Ulli konnte etwas erleben!

Lukas versuchte, die Tür zum Klassenzimmer möglichst leise zu öffnen und sich an seinen Platz zu schleichen, doch er wurde gleich bemerkt, weil Herr Nagel, der Deutschlehrer, gerade nach ihm gefragt hatte.

»Oh, da kommt er!«, bemerkte der Lehrer und sah auf die Uhr. »Dir ist wohl beim Sport die Puste ausgegangen. Was machst du denn so lange, Lukas?«

»Jemand hat meine Schuhe weggenommen«, antwortete Lukas schüchtern.

»Wer sollte dir denn die Schuhe wegnehmen? Alle deine Mitschüler haben doch selbst Schuhe«, meinte Herr Nagel.

»Ich glaube, der Ulli war's. Die Schuhe waren noch ganz neu, gestern habe ich sie erst bekommen«, antwortete Lukas.

Der Lehrer wollte eigentlich jetzt gerne mit dem Unterricht weitermachen, er fragte Ulli aber doch, ob es stimmte, was Lukas sagte. Ulli wies die Beschuldigung entschieden und gekränkt zurück. Die anderen Kinder schauten zu Ulli hinüber und unterhielten sich flüsternd über ihn.

Lukas, ein paar seiner Mitschüler und der Hausmeister durchsuchten nochmals die ganze Turnhalle mitsamt allen Umkleideräumen. Aber seine neuen Schuhe blieben verschwunden. Es war gar nicht sicher, dass Ulli die Schuhe weggenommen hatte, dennoch wurde er von seinen Mitschülern gemieden, weil Lukas ihn vor der Klasse verdächtigt hatte. Die Freundschaft zwischen Lukas und Ulli ging beinahe in die Brüche; die beiden redeten nur noch das Nötigste miteinander.

Am Sonntag im Gottesdienst war die Geschichte von Josef dran, der von seinen Brüdern nach Ägypten verkauft wurde. Lukas hörte sie nicht zum ersten Mal. Er fand es sehr spannend, was Josef alles erlebte. Josef wurde wegen der falschen Beschuldigung von Potifars Frau ins Gefängnis geworfen. Lukas war empört über die böse Frau: Wie konnte sie so gemein sein! Und Potifar glaubte Josef nicht, obwohl der sein Haus immer so gut verwaltet hatte. Später, als aus den zwölf Söhnen Jakobs das große Volk Israel geworden war, gab Gott Mose die Zehn Gebote. Eines davon, das neunte, verbietet uns, Falsches über einen anderen Menschen zu sagen:

»Du sollst kein falsches Zeugnis ablegen gegen deinen Nächsten.«

Auf einmal musste Lukas an seinen Schulfreund Ulli denken. Lukas fiel auf, dass seit der Sache mit den Schuhen keiner mehr so richtig mit Ulli redete. Ja, Ulli hatte, wenn Lukas sich recht erinnerte, seither keinen einzigen Scherz mehr gemacht; und in der Pause stand er meistens allein auf dem Hof. Der Lehrer hatte Ullis Mutter zu sich in die Sprechstunde bestellt. Einige Kinder hatten sogar zu Ulli gesagt, er sei ein Dieb.

Lukas erkannte, dass dies alles wegen seines Verdachts, den er nach der Sportstunde laut ausgesprochen hatte, so gekommen war. Was war nun, wenn Ulli die Schuhe gar nicht genommen hatte? Dann hatte er ihn falsch beschuldigt. Lukas merkte, dass er seinem Mitschüler, wenn auch unsichtbar, großen Schaden zugefügt hatte. Er hatte Ulli nicht geglaubt, als dieser ihm seine Unschuld beteuert hatte.

Lukas konnte an nichts anderes mehr denken, bis er wusste, wie er die Sache wieder in Ordnung bringen konnte: Er würde der ganzen Klasse sagen, dass Ulli kein Dieb war.

Am Montag in der Deutschstunde war Lukas sehr aufgeregt. Schließlich traute er sich, sich zu melden.

»Ich muss mal was sagen … es ist wichtig«, fing er an. Die anderen wurden still.

Lukas erhob sich von seinem Platz, damit ihn die anderen besser verstehen konnten. »Ulli hat meine Schuhe nicht weggenommen. Er hat gesagt, dass er's nicht war, und bestimmt war er es auch nicht. Ulli ist nämlich mein Freund. Es tut mir leid, dass ich ihm zuerst nicht geglaubt habe. Manchmal macht er halt so komische Späße, aber der Ulli würde keine Schuhe stehlen. Ich will, dass alle jetzt wieder normal zu ihm sind und mit ihm sprechen und spielen. Sonst bleibt er so traurig, und zwar nur wegen mir, weil ich ihm die Schuld gegeben habe, obwohl ich gar nicht wusste, ob's stimmt.«

Lukas hatte ganz rote Ohren bekommen, doch war er sehr froh, dass er alles gesagt hatte. Erleichtert setzte er sich hin.

Tatsächlich wurde Ulli bald wieder so behandelt wie alle anderen, sodass er bald der Alte war und die ganze Klasse wieder zum Lachen bringen konnte.

Drei Wochen später war Lukas in der Schulbücherei. Er lag bäuchlings

34

auf dem Fußboden und blätterte in einem Bilderbuch über Wale, als plötzlich ein Paar Schuhe vor seiner Nase stand, welches genauso aussah wie das, welches ihm gestohlen worden war. Lukas ließ seinen Blick an den Beinen hochwandern, die aus den Schuhen herausguckten. Er erkannte einen Jungen aus der Parallelklasse, dessen Namen er jedoch nicht kannte. Der andere schaute von oben interessiert in Lukas' Buch.

»Hast ja tolle Schuhe. Neu?«, fragte Lukas beiläufig.

»Ja, ziemlich. Brauchst du das Buch noch lange?«, antwortete der andere.

»Wo hast du die gekauft?«, fragte Lukas vorsichtig weiter.

»Was interessierst du dich denn für meine Schuhe?«, entgegnete ihm der andere. So ging die Fragerei noch einige Zeit weiter.

Lukas war sich jedoch nicht sicher, ob der Junge wirklich seine Schuhe anhatte. Zumindest konnte er es nicht beweisen. Und Lukas hatte gelernt, dass man sehr vorsichtig damit sein muss, einen Verdacht laut auszusprechen.

Eine Zeit lang bohrte in Lukas der Verdacht gegen den Jungen. Als er aber noch einen weiteren Schüler beobachtete, der genau dieselben Schuhe trug, gab er sich geschlagen. Er konnte sie doch nicht alle verdächtigen, seine Schuhe gestohlen zu haben.

Es war sehr ärgerlich, dass Lukas seine neuen Schuhe nicht wiederbekam, aber durch die ganze Geschichte hatte er etwas sehr, sehr Wertvolles gewonnen: Ulli wurde sein allerbester Freund. So, wie Lukas damals vor der ganzen Klasse den Verdacht gegen Ulli zurückgenommen hatte, so legte der nun auch für ihn die Hand ins Feuer.

Es hilft immer

ES WAR EIN WUNDERSCHÖNER Ferientag gewesen. Ralfs Eltern hatten Lukas zum Strand mitgenommen. Ralf war ein Nachbarjunge, mit dem Lukas manchmal spielte. Er war etwa ein Jahr älter als Lukas und hatte keine Geschwister. Für Lukas war es etwas Besonderes, ans Meer zu fahren. Seine Eltern fuhren mit ihren Kindern nur ganz selten dorthin, weil es für einen Tag eigentlich zu weit war. Man musste, um zum Strand zu kommen, sogar ein gutes Stück Autobahn fahren, so weit war es. Wenn sie ans Meer fuhren, dann machte die ganze Familie dort richtig Urlaub. In diesem Jahr mussten sie in den Sommerferien jedoch zu Hause bleiben, weil Lukas' Oma sehr krank geworden war.

Bei Ralfs Familie war es ganz anders. Ralf war mit seinen Eltern gerade aus Kanada zurückgekommen. Dort waren sie vier Wochen lang mit einem gemieteten Wohnmobil herumgereist und hatten sogar Bären gesehen. Und jetzt waren sie wieder zu Hause und wollten bis zum Ende der Sommerferien noch ein paar Ausflüge machen. Ralfs einziges Problem war, dass er immer allein mit seinen Eltern war und so fast nie jemanden zum Spielen hatte. Darum hatten seine Eltern Lukas eingeladen, mit ans Meer zu kommen.

Ralfs Vater machte der weite Weg nichts aus, er hatte nämlich einen neuen Sportwagen. Und der wollte gerne mal »ein paar Kilometer fressen«, wie Ralfs Vater sagte.

Zu dritt war der Wagen noch groß genug, auch vier Leute passten noch rein, dachte Lukas, schließlich waren Ralf und er auch nicht so groß. Für eine sechsköpfige Familie jedoch, wie sie es waren, wäre das Auto viel zu klein. Allerdings konnte es wohl doppelt so schnell fahren wie der Kleinbus von Lukas' Vater.

Sie hatten am Strand gebadet, herumgetobt, Eis gegessen, Wasserball gespielt, sie hatten mit der Luftmatratze Piratenschiff gespielt, hatten sich gegenseitig im Sand verbuddelt und eine große Burg mit Muschelfenstern gebaut. Jetzt saßen sie müde nebeneinander auf der Rückbank des Sportwagens, die Haare strohig vom Salzwasser und verstrubbelt vom Handtuch. Die beiden Jungen schauten gerade nach, wer mehr Sand zwischen den Zehen mit ins Auto gebracht hatte, als Ralfs Vater schon auf die Autobahn fuhr. Lukas gefiel es, wie er beim Beschleunigen des Wagens in den Sitz gepresst wurde. Im Auto seines Vaters bekam man nie dieses lustige Gefühl im Bauch. Schon fegte der Wagen auf der äußersten Spur an allen anderen Autos vorbei, ja, es sah beinahe aus, als stünden die anderen.

Lukas schaute gedankenverloren aus dem Fenster auf die vorbeifliegende Landschaft, als der Wagen plötzlich zu stocken anfing.

»So was Blödes!«, sagte Ralfs Vater. »Wir brauchen eine Tankstelle!«

Der Wagen ruckte wieder mehrmals, jetzt hörte man, wie der Motor kurz aussetzte.

»Die nächste Tankstelle kommt erst in 13 Kilometern«, las Ralfs Mutter auf dem Schild am Rand der Strecke.

»Das schaffen wir nicht mehr«, sagte ihr Mann nervös.

Die Benzinpumpe begann zu jaulen, weil sie mehr und mehr Luft einsaugte. Ralfs Vater fuhr nur noch halb so schnell, damit der Motor weniger Benzin verbrauchte.

Lukas beugte sich nach vorne und fragte: »Gott kann machen, dass wir doch noch rechtzeitig eine Tankstelle finden. Soll ich mal beten?«

»Ach bitte, halt du deine Klappe, das kann ich jetzt nicht gebrauchen«, sagte Ralfs Vater gereizt.

»Aber …«, Lukas wollte noch sagen, dass Beten wirklich hilft, er wurde jedoch von Ralfs Mutter mit einem energischen »Sei so gut und sei ruhig!« abgewürgt.

Sie waren gerade in einen Tunnel hineingefahren, als der Sportwagen

stehen blieb. »So etwas Blödes aber auch!«, schimpfte Ralfs Vater.

Dass sie kein Benzin mehr hatten, war schlimm, dass sie aber ausgerechnet hier stehen bleiben mussten, war zudem auch sehr gefährlich: Es war dunkel im Tunnel, sodass sie schlecht gesehen wurden, und der Tunnel hatte keine Standspur, auf der Ralfs Vater den Wagen hätte ausrollen lassen können. Die Autos kamen von hinten angerast und konnten oft nur noch knapp um sie herumfahren; viele hupten wütend.

»Kannst du nicht etwas tun? Wenn wir hier noch länger herumstehen, fährt uns einer hinten rein«, sagte Ralfs Mutter zu ihrem Mann.

»Es müsste einer zur nächsten Tankstelle gehen und Benzin holen. Aber ich kann ja nicht mal aussteigen, um das Warndreieck aufzustellen, so dicht ist der Verkehr«, antwortete der.

»Wenn du meinst, dass es hilft«, sagte Ralfs Mutter zu Lukas, »dann kannst du jetzt beten.« »Klar hilft es«, sagte Lukas, »es hilft immer. Jesus hat schon ganz andere Sachen gemacht.«

»Pfff …«, machte Ralfs Vater und schaute verärgert in den Rückspiegel.

»Sag ihm auch, dass uns keiner hinten reinknallen soll«, meldete sich Ralf. Er war ganz blass und hatte Angst.

»Lieber Herr Jesus, wir sind hier im Tunnel und es ist ganz dunkel, aber du kannst uns bestimmt sehen. Wir haben kein Benzin mehr, aber dafür haben wir Angst, dass uns ein Auto reinknallt.« Die anderen drehten sich um, als hinter ihnen wieder einer mit quietschenden Reifen zum Stehen kam.

Lukas sprach weiter: »Herr Jesus, hilf uns jetzt, schicke am besten ein paar Engel, die hinter uns aufpassen, und mach doch, dass wir weiterfahren können und dass bald eine Tankstelle kommt. Vielen Dank im Voraus, dein Lukas. Amen.«

»Na, wenn's denn hilft …«, sagte Ralfs Vater gleichgültig. Er versuchte nochmals, den Motor zu starten, und – siehe da – er sprang an. Alle hielten den Atem an. Der Wagen setzte sich in Bewegung, und sie erreichten in stockender Fahrt das Ende des

Tunnels. Von hier aus ging es leicht bergab, und neben der Fahrbahn war nun auch wieder eine Standspur. Dort ließ Ralfs Vater den Wagen rollen. Den Motor schaltete er dabei wieder aus. Es kam ein Schild: Noch 1000 Meter bis zur nächsten Ausfahrt – der Wagen rollte immer noch ohne Motorkraft. Keiner sagte etwas.

Von dort aus ging es wieder leicht abwärts. Ralfs Vater machte den Motor aus und bog nach rechts ab, weil die Ampel für Rechtsabbieger gerade grün zeigte und sie so weiterrollen konnten. Da sie sich hier nicht auskannten, war es egal, wohin sie fuhren. Unten im Tal sahen sie ein gelbes Ortsschild und kurze Zeit

Jetzt waren es noch 300 Meter … noch 200 … noch 100, … Landstraße. Stotternd lief der Motor wieder einige Sekunden, jedoch lange genug, um den Wagen bis über die Autobahnbrücke zu bringen.

später das rot-weiße Schild einer Tankstelle, und noch immer bewegte sich das Auto fast lautlos.

Schließlich erreichten sie die Einfahrt zur Tankstelle. Hier mussten sie wegen eines Fußgängers nochmals anhalten. Diesmal sprang der Motor jedoch nicht mehr an, der allerletzte Tropfen Benzin war verbraucht. Die letzten fünf Meter mussten sie doch noch schieben. – Dennoch, sie hatten es geschafft!

»Puh!«, sagte Ralfs Vater erleichtert, als er ausstieg. »Das war knapp.« »Gott sei Dank«, sagte seine Frau.

»Danke, Jesus«, sagte auch Lukas, »das hast du prima hingekriegt!« Ralf schaute Lukas an und sagte nichts; wahrscheinlich wusste er nicht, was er von alldem halten sollte.

Nachdem Ralfs Vater fertig getankt hatte, fuhren sie wieder zur Autobahn zurück und brausten weiter nach Hause. Sie unterhielten sich wenig, aber Lukas spürte, dass sie darüber nachdachten, wie Jesus ihnen geholfen hatte.

Der nächste Tag wurde wieder sehr warm. Ralf und seine Mutter klingelten an der Tür, um zu fragen, ob Lukas wieder mit an den Strand kommen wollte. »Wenn Lukas mitkommt, kann uns nichts passieren, weil er beten kann«, sagte Ralfs

Mutter zu Lukas' Mutter. »Sie können es doch auch selbst mal versuchen«, sagte Lukas sofort, »beten kann doch jeder.«

»Ich weiß nicht«, antwortete Ralfs Mutter, sie lächelte verlegen.

Einige Zeit später – die Schule hatte schon begonnen, und Lukas war jetzt in der zweiten Klasse – begegnete ihm Ralf auf dem Nachhauseweg. »Es funktioniert wirklich«, sagt er.

»Was funktioniert wirklich?«, fragte Lukas zurück.

»Na, das Beten. Gestern Abend hat mein Papa vom Flughafen aus angerufen. Er ist mit dem Flugzeug aus Belgien zurückgekommen. Da war er mit seinem Chef. Und da hat er seine Brieftasche mit allen Fahrkarten und dem ganzen Geld verloren. Sein Ausweis war auch weg. Er wollte mit dem Zug vom Flughafen aus nach Hause fahren, aber ohne Geld und Fahrkarten wusste er überhaupt nicht, was er machen sollte. Und sein Chef wollte auch schnell nach Hause und war schon ungeduldig. Und mein Vater wollte den Chef nicht lange warten lassen, damit er nicht böse wird.«

»Und was hat er da gemacht?«, fragte Lukas gespannt.

»Ich weiß nicht genau, was er dann gemacht hat, ich war ja nicht selbst dabei. Soviel ich weiß, wollte Papa noch mal auf dem Flughafen suchen oder zum Fundbüro gehen. Aber meine Mama hat mich gefragt, ob wir mal probieren sollten, so zu beten, wie du es auf der Autobahn gemacht hast.«

»Und? Was hast du gesagt?«

»Na ja, ich hab gesagt, dass es ja nicht schaden könnte. Und da haben wir es zusammen versucht.«

»Und? Habt ihr gemerkt, wie leicht es ist?«, wollte Lukas wissen.

»Na ja, zuerst wussten wir nicht recht, was man sagen muss; aber als wir angefangen hatten, war es nicht mehr schwer. Wir haben eben zu Jesus gesagt, dass er meinem

Papa so ähnlich helfen soll wie uns damals auf der Autobahn, und dass er vielleicht machen könnte, dass mein Papa seine Brieftasche mit all den Sachen wiederfindet und dass er dann schnell nach Hause kommen kann.«

»Und dann? Was ist dann passiert?«

»Na, das war dann das Tolle an der Sache. Mein Vater hat zehn Minuten später noch mal angerufen, dass er alles wiederbekommen hat. Die vom Informationsschalter haben ihn mit dem Mikrofon ausgerufen. Jemand hat die Sachen gefunden und sie dahin gebracht. So hat er alles wiederbekommen.«

»Das ist ja toll. Jetzt betet ihr wohl öfter, oder?«, fragte Lukas.

»Kann sein. Ich glaube, meine Eltern wollen am Sonntag mal wieder zum Gottesdienst gehen. Eigentlich gehen sie sonst nur zu Weihnachten.«

Masern an den Ohren

AUCH DIE SCHÖNSTE ZEIT des Jahres – die Sommerferienzeit – ist einmal zu Ende. In Sachen Schule war Lukas mittlerweile ein alter Hase: Er ging jetzt in die zweite Klasse. Neuerdings saß Anna neben ihm. Anna war zwar ein bisschen schüchtern, aber sie war trotzdem ein toller Kumpel. Sie kam nach der Schule oft mit nach Hause, manchmal schon zum Mittagessen. Häufig machten sie gemeinsam Hausaufgaben, und hinterher spielten sie zusammen. Da lebte Anna dann richtig auf; sie hatte beim Spielen eine blühende Fantasie, und Lukas ließ sich gerne mitnehmen in ihre ausgedachte Welt.

Heute war Anna Lukas' Mutter, und Lukas hatte Masern. Anna malte Lukas mit einem Filzstift kunstvoll Masern-Punkte aufs Gesicht. »Ich hab doppelt so viele Masern wie Thomas und Winni zusammen«, bemerkte Lukas zufrieden, als er sein Gesicht im Spiegel besah. »Hat man auch Masern an den Ohren?«, fragte er; er hatte sein rechtes Ohr nach vorne geklappt, sodass er es im Spiegel sehen konnte.

»Klar hat man«, sagte Anna mit selbstverständlichem Ton. »Man kann sogar taub davon werden.« Lukas schaute Anna unsicher an.

Lukas musste sich nun ins Bett legen. Anna, seine Mutter, telefonierte kurz und verwandelte sich dann in die Hausärztin, die kam, um Lukas zu untersuchen.

Zuerst hörte Anna Lukas' Bauch und Rücken ab. Als er sein Hemd anhob, wollte Anna ihm dort auch noch Masern draufmalen. Nach zwei Versuchen gab sie es jedoch auf, weil Lukas gerade am Bauch sehr kitzelig war. Dann wurde Fieber gemessen.

Lukas musste dazu den Bleistift, der das Fieberthermometer darstellte, in den Mund stecken.

»Und? Wie fühlen wir uns denn heute?«, fragte Frau Doktor Anna. »Das sieht ja gar nicht gut aus, oh-oh. Es scheinen Masern zu sein. Wo tut's denn weh, Lukas?«

»Na ja, vor allem an den Ohren. Ich hoffe, ich werde nicht taub.«

»Ja, da müssen wir etwas unternehmen. Was machen wir denn da? Ach ja, ich weiß schon, wir geben dir Ohrentropfen. Das hilft immer.«

Anna tropfte Lukas ein paar Fantasie-Ohrentropfen in die Ohren. Dann wollte sie ihm ein Zäpfchen aus grüner Knete verabreichen.

»Kann man ein Zäpfchen nicht auch direkt ins Ohr tun?«, fragte Lukas die Ärztin. Anna war damit einverstanden. Sie rollte das Zäpfchen zwischen den flachen Händen noch etwas dünner und steckte es in Lukas' linkes Ohr.

Nachdem die Ärztin Lukas sorgfältig behandelt hatte, musste sie, wie sie sagte, noch viele andere Kranken-

besuche machen. Anna ging hinaus, verwandelte sich vor der Tür zurück in Lukas' Mutter und kam wieder herein. Sie hatte alle Hände voll zu tun, um ihren Sohn zu pflegen. Dennoch wurde Lukas mit der Zeit langweilig – er hatte die ganze Zeit im Bett zu liegen. Obendrein war ihm viel zu heiß, denn Anna wachte sorgfältig darüber, dass er immer bis unters Kinn zugedeckt war.

»Schwitzen ist gut für dich«, sagte sie, »da wirst du bald wieder gesund.«

Einige Zeit noch ließ Lukas das alles über sich ergehen, endlich hatte er jedoch keine Lust mehr, und als er seinen Vater von der Arbeit heimkommen hörte, schoss er unter der Bettdecke hervor, hinaus aus dem Kinderzimmer, ihm entgegen.

Wie fast jeden Tag wirbelte ihn sein Vater zur Begrüßung in die Luft mit den Worten: »Mensch, Lukas, du wirst jeden Tag schwerer!«

Erst jetzt sah er Lukas' Bemalung. »Nanu, du hast ja überall Punkte im Gesicht. Wo hast du denn die Sommersprossen her?«

»Hat mir Anna draufgemalt, sind super Masern, oder?«, fragte Lukas stolz. »Ich hab sogar ein Zäpfchen im Ohr, wegen der Masern an den Ohren, damit ich nicht taub werde.«

Anna kam, jetzt wieder recht schüchtern, dazu. Lukas deutete auf sie und meinte: »Sie ist 'ne gute Frau Doktor.« Anna lächelte verlegen.

Der Vater hatte, seit er die grüne Knete im Ohr seines Sohnes gesehen hatte, ein paar Falten auf der Stirn bekommen. »Und wie, meint ihr, bekommen wir den Dreck da wieder raus, aus dem Ohr?«

»Mit einem Wattestäbchen?«, meinte Anna unsicher.

»Nein, nein, aber ja nicht!« Lukas' Vater schüttelte den Kopf. »Damit würdet ihr die Knete nur weiter ins Ohr hineinschieben. Dabei kann man sogar das Trommelfell verletzen. Am besten ist es, wir gehen gleich zu Doktor Rotenbach; das muss ein Ohrenarzt rausholen.«

Anna fing jetzt an zu weinen, weil sie so etwas Schlimmes angerichtet hatte. »Aber ich wollte doch Lukas' Ohr nicht verletzen«, schluchzte sie.

»Du brauchst keine Angst zu haben, Anna, wir bekommen das Ohr schon wieder frei. Es muss nur ein Fachmann machen, weil das Ohr etwas besonders Empfindliches ist.«

Es war Freitag. Lukas' Vater war, wie fast jeden Freitag, recht früh nach Hause gekommen. Er rief bei Doktor Rotenbach an, ob er mit Lukas dorthin kommen könne, um die Knete aus dem Ohr holen zu lassen.

»Auweia, … na gut, … ja, bis gleich.« Er legte auf. »Es ist da heute ziemlich voll in der Sprechstunde, aber wir sollen kommen.«

»Ich möchte auch mitkommen. Schließlich habe ich die Knete in Lukas' Ohr gesteckt«, meinte Anna.

»Wenn dir das lange Warten nichts ausmacht, kannst du meinetwegen mitkommen, dann wird es Lukas nicht so langweilig. Erst müssen wir aber bei deinen Eltern anrufen, ob du mitdarfst«, sagte Papa.

Annas Eltern hatten nichts dagegen, und los ging es. Sie fuhren mit dem Bus. Die anderen Fahrgäste betrachteten Lukas interessiert; wahrscheinlich überlegten sie, was er für eine

Krankheit hatte, mit den vielen komischen Punkten im Gesicht.

Als die drei ins Wartezimmer kamen, saßen dort schon über zwölf Patienten. Das konnte ja dauern.

»Gut, dass wir Bücher mitgenommen haben«, sagte Lukas. »Pass auf, Anna, ich zeig dir mal mein Lieblingsbuch.«

Er fing an, in der Tasche zu kramen, in der sie auch noch etwas Schokolade, eine Flasche Sprudel, Papas Zeitung und Malsachen mitgebracht hatten, eben alles, was zu einer Wartezimmerausrüstung gehört.

Lukas holte ein Bilderbuch mit der Geschichte von Jona heraus. Jona war der Prophet, der versuchte, vor Gott wegzulaufen, und von einem großen Fisch verschluckt wurde.

»Hier, setz dich da hin, Anna, ich lese dir mal vor.« Lukas legte das Buch so auf den Schoß, dass Anna, die neben ihm saß, die Bilder sehen konnte.

»Vor langer Zeit lebte ein Prophet, der hieß Jona. Eines Tages sprach Gott zu ihm: ›Jona, ich habe eine Aufgabe für dich. Die Bewohner der Stadt Ninive sind böse und tun viele Dinge, die mir nicht gefallen. Geh in diese Stadt und sage den Menschen, dass ich sie dafür bestrafen werde.‹«

Lukas las noch nicht ganz flüssig, jedoch mit lauter Stimme, denn er konnte sich selbst mit dem verstopften Ohr nicht richtig hören. So konnten ihn auch die übrigen Patienten im Wartezimmer gut verstehen.

Lukas las weiter vor, wie Jona Angst hatte, den Auftrag auszuführen, den er von Gott erhalten hatte, wie er sogar versuchte, vor Gott wegzulaufen. Er wollte mit einem Schiff so weit wegfahren, dass Gott ihn nicht mehr finden sollte. Doch das Schiff geriet in einen schweren Sturm, sodass die ganze Besatzung große Angst bekam.

Lukas las vor, wie die Seeleute auslosten, wer von ihnen schuld an dem Sturm war, denn sie dachten, dass die Götter, an die sie glaubten, den Sturm wegen einer bösen Tat geschickt hatten. Das Los fiel auf Jona, und der sagte ihnen, dass er vor Gott zu fliehen versuchte und dass sie seinetwegen in den Sturm geraten waren.

»Pass auf, Anna«, sagte Lukas, »jetzt kommt es: ›Jona sagte zu den Männern, sie sollten ihn ins Wasser werfen, damit sie selbst überlebten.‹ Und da haben sie ihn dann wirklich ins Wasser geschmissen, und ein Riesenfisch hat ihn runtergeschluckt.« Lukas musste diese aufregende Stelle mit eigenen Worten wiedergeben.

»Was für ein Fisch war denn das?«, wollte Anna wissen.

Lukas schaute im Text nach, aber es stand nicht da. »Halt ein besonders großer Fisch eben«, meinte er.

Er wollte schon weiterlesen, doch Anna hatte noch mehr Fragen. »War innen in dem Fisch drin Luft oder Wasser? Weil nämlich mit Wasser im Fisch wäre Jona doch ertrunken.«

»Weiß ich nicht«, antwortete Lukas, »aber Jona war drei Tage im Fisch. So etwas geht sonst auch nicht, mit oder ohne Luft. Jona hat halt gebetet, und da hat Gott gemacht, dass er nicht erstickt und dass ihn der Fisch nicht zerkaut.« Lukas hatte das

Buch schon so oft angeschaut, dass er die Geschichte inzwischen genau kannte.

»Und dann hat Gott dem Fisch gesagt, dass er ans Ufer schwimmen und Jona aufs Land spucken soll.«

»Wahrscheinlich ist er mit dem Bauch aufs Ufer raufgerutscht und hat sein Maul aufgemacht, so wie ein Garagentor, und Jona ist ausgestiegen wie aus einem Bus.« Anna fing an, sich die Sache auszumalen.

Einige Patienten hörten den Kindern interessiert zu. Anderen war es unangenehm, eine biblische Geschichte zu hören, weil solche Geschichten einem ins Gewissen reden.

Ein etwa vierjähriges Mädchen gesellte sich zu ihnen und wollte auch die Bilder anschauen und zuhören.

»Schau mal, da geht Jona doch noch in die Stadt, weil er gemerkt hat, dass man Gott nicht davonlaufen kann«, erklärte Lukas. Er las den

Text auf dieser Seite: »Jona erzählte den Leuten von Ninive, dass Gott ihre Stadt in vierzig Tagen zerstören würde, zur Strafe für ihre bösen Taten. Da bekehrten sie sich. Sie aßen und tranken nichts mehr, zum Zeichen, dass ihnen leidtat, was sie Böses getan hatten. Da erließ ihnen Gott ihre Strafe.«

Anna sagte: »Wie gut, dass Gott den Fisch geschickt hat und Jona doch noch nach Ninive gegangen ist. Wenn er nicht gemacht hätte, was Gott wollte, wäre die ganze Stadt mit all den Leuten weg gewesen.«

»Das hast du ganz richtig erkannt, Anna«, sagte Lukas' Vater. »Oft ist es nicht nur wichtig für uns selbst, dass wir tun, was Gott von uns will, sondern auch für die anderen Menschen.«

Auf einmal sagte ein älterer Mann aus einer anderen Ecke des Wartezimmers mürrisch: »Reicht es nicht, dass wir hier ewig warten, müssen wir uns auch noch die ganze Zeit diesen Unsinn mit Jona und Fisch und Gott anhören?«

Erstaunt schauten sie auf. Lukas' Vater entgegnete: »Ist es nicht besser, die Kinder unterhalten sich friedlich, als dass sie hier laut sind oder Blödsinn machen? Die anderen Leute unterhalten sich doch auch.«

»Das ist etwas ganz anderes! Ihre Kinder könnten sich auch über normale Themen unterhalten. Geschichten aus der Bibel machen mich nervös.«

»Warum denn?«, fragte Lukas teilnahmsvoll.

»Das geht dich nichts an, Kleiner.« Der Mann schaute sich um; er wollte sehen, ob ihm jemand zustimmte. Die meisten wollten sich jedoch nicht einmischen. Eine Frau meinte jedoch: »Ich finde es gut, dass es noch Familien gibt, in denen diese alten Geschichten erzählt werden. Man sieht ja, was dabei herauskommt, wenn Kinder nur noch vor dem Fernseher sitzen und sich den ganzen Tag Gewalt und Verbrechen ansehen.« Die Frau war die Mutter des vierjährigen Mädchens. Einige Leute stimmten ihr zu. Viele unterhielten sich nun über dieses Thema.

Endlich kam die Sprechstundenhilfe und rief Lukas ins Behandlungszimmer. Sie wunderte sich darüber, dass da ungefähr fünfzehn Leute im Wartezimmer saßen, die sich zum Großteil überhaupt nicht kannten und heftig miteinander diskutierten.

»Was ist denn da drin los?«, fragte sie Lukas auf dem Weg ins Sprechzimmer.

»Na ja, ich hab Anna das Buch von Jona vorgelesen, und das hat einen Mann gestört, weil die Geschichte aus der Bibel ist. Und da haben sich dann alle darüber unterhalten.«

Doktor Rotenbach, der Ohrenarzt, hatte einige Mühe, die Knete aus Lukas' Ohr herauszuholen, denn die war schon ganz warm und weich geworden. Aber endlich war alles draußen.

»Oh, jetzt höre ich wieder in normaler Lautstärke!«, meinte Lukas.

»Und damit das so bleibt, dürft ihr da bitte nichts mehr hineinstecken«, sagte der Arzt zum Abschied.

Als sie wieder im Bus saßen, meinte Anna, die über alles, was sie erlebt hatte, nachgedacht hatte: »Komisch, warum der Mann im Wartezimmer die Geschichte nicht hören wollte … Ist doch 'ne schöne Geschichte!«

»Es gibt viele Leute, die nichts von Gott wissen wollen«, antwortete Lukas' Vater. »In ihrem Inneren haben sie ein schlechtes Gewissen, und Geschichten aus der Bibel erinnern sie daran. Darum wollen sie sie nicht hören.«

»Wie Knete in den Ohren«, kommentierte Lukas.

»Na ja, so etwa. Jetzt versteht ihr, warum Jona nicht nach Ninive gehen wollte. Er hatte Angst, die Leute würden es nicht gerne hören, dass er sie zur Umkehr aufruft.«

»Vielleicht müsste es in unserer Stadt auch mal einen Jona geben«, überlegte sich Lukas.

Das rosa Feuerzeug

MAMA WAR EINKAUFEN gegangen, Lukas blieb allein in der Wohnung. Er konnte heute nicht zur Schule gehen, weil er die Grippe bekommen hatte. Schon manchmal hatte er seine Mitschüler beneidet, wenn sie wegen einer Krankheit nicht zur Schule mussten. Doch nun, als es ihn selbst erwischt hatte, fand er es überhaupt nicht mehr gut. Er hatte Halsweh, Fieber und bekam keine Luft durch die Nase. Es war jedoch mindestens genauso schlimm, dass er die ganze Zeit im Bett bleiben sollte. Lukas fiel es ja schon schwer, ruhig auf einem Stuhl zu sitzen. Es war furchtbar langweilig im Bett.

Irgendwann stand er auf und ging ziellos in die Küche. Als er seine Mutter dort nicht finden konnte, goss er sich ein Glas kalten Tee ein und schaute gedankenverloren durch das Küchenfenster hinunter in den Hinterhof. Es war einer dieser nebligen Herbstmorgen, an denen man nicht erkennen kann, ob es schönes oder schlechtes Wetter ist. Der Himmel war grau, etwas heller allerdings als die Wände der Wohnhäuser, die den Hinterhof umschlossen. Das Grau der Hauswände wurde zum Hofplatz hin immer dunkler. Der Putz war im Lauf der Jahre ganz fleckig geworden, vom Ruß und vom Staub, der sich mit der Zeit auf den Fensterbrettern ansammelt und jedes Mal, wenn es regnet, ein Stück weiter an der Hauswand hinuntergespült wird. Die fleckigen Mauern taten alles, um den Anblick des Hinterhofs an diesem Morgen noch langweiliger erscheinen zu lassen.

Mit der Zeit bekam Lukas eine kalte Nase, er bewegte seinen Kopf ein wenig von der Fensterscheibe weg. Auf dem Fenster war ein milchiger Fleck. Sein Atem hatte sich dort niedergeschlagen. Die Stelle, an der er

seine Nase an die Scheibe gedrückt hatte, war ausgespart. Nachdem er sie mit der Hand ein wenig angewärmt hatte, sah er nochmals zum Hof hinunter. Niemand war zu sehen. Unten im Hof lehnten die Fahrräder an den Mülltonnen.

Obwohl es Herbst war, zählte Lukas nur dreizehn Blätter im Hof. Es waren so wenige, weil dort kein Baum stand, und die Blätter mussten entweder über die Hausdächer fliegen oder sich durch die Toreinfahrt in den Hof hineinblasen lassen. Gerade kam ein neues Blatt über das Dach des Nachbarhauses geflogen. Lukas beobachtete, wie es sich vom Wind hin und her treiben ließ. Allmählich sank es hinunter in den Hof, zu den dreizehn anderen.

Lukas kniete barfuß auf einem Küchenstuhl und lehnte mit dem Gesicht an der Scheibe. Schließlich hatte er nicht nur eine kalte Nase, sondern auch eisige Füße. Er beschloss, wieder ins Bett zu gehen.

Im Vorbeigehen sah er auf dem Wandbrett über der Spüle ein rosa Feuerzeug. Lukas blieb stehen. In seinem Inneren sagte eine Stimme: »Lass das Ding da liegen, wo es

liegt. Du weißt doch, dass du damit nicht spielen sollst. Geh jetzt lieber ins Bett, sonst wirst du nur noch schlimmer krank.«

»Schon gut, ich geh ja schon«, antwortete Lukas seinem Gewissen. Er ließ das rosa Feuerzeug liegen und ging in sein Zimmer.

Obwohl Lukas' Stirn ganz heiß war, fror er. Er kroch in sein Bett, unter die Decke. Das Bettzeug war schon abgekühlt, so lange hatte er sich in der Küche aufgehalten. Er zog sich die Decke übers Gesicht, denn auch die Nase musste ja irgendwie wieder warm werden.

Unter einer Bettdecke war man richtig weg. Man konnte weder sehen noch hören. Lukas strengte seine Augen an, und nach einiger Zeit meinte er, ein buntes Flimmern vor sich zu sehen. Ob das die Luft war, die er jetzt sah? Nein, bestimmt nicht, sonst müsste man sie ja erst recht bei Licht sehen. Es war bestimmt wie mit den Ohren: Er konnte, wenn er nicht mit der Decke raschelte, sein eigenes Blut rauschen hören. Langsam verbrauchte sich die Luft unter der Bettdecke, und Lukas musste sie an einer Stelle etwas anheben, um frische Luft einzulassen. Durch das Luftloch konnte Lukas auf seinen Nachttisch sehen.

Dort lag seine Taschenlampe. Er schob einen Arm durch das Luftloch und holte die Lampe in seine Höhle. Leider waren die Batterien nicht mehr frisch; die kleine Glühbirne gab nur noch ein müdes Schimmern von sich. Trotzdem, oder gerade deswegen, sah alles unter der Decke sehr unheimlich aus.

Lukas bewegte seine Arme und machte einige Schattenfiguren. Dann leuchtete er an seinen Beinen entlang in Richtung seiner Füße, doch die konnte er kaum noch sehen, weil das Licht ganz schwach wurde.

Ob das Feuerzeug wohl heller war? Lukas hatte schon ein Bein aus dem Bett gestreckt, um aufzustehen und es aus der Küche zu holen.

»Nein, Lukas, du sollst nicht mit dem Feuerzeug spielen«, hörte er seine innere Stimme sagen.

»Ich will ja nur kurz sehen, was heller ist, das Feuerzeug oder die olle Lampe«, erwiderte Lukas. »Lass das bleiben. So was ist gefährlich unter der Bettdecke!«, warnte ihn sein Gewissen.

»Man kann Decken aber doch sogar zum Löschen benutzen. Außerdem pass ich ja auf«, beruhigte Lukas sich selbst.

So ging es noch eine Weile hin und her. Schließlich ging Lukas in die Küche; er hatte unter der heißen Decke Durst bekommen und wollte sich nun etwas kalten Tee holen.

Als Lukas in der Küche war, rang er noch mit sich, doch die Verlockung war stärker: Er kam nicht an dem rosa Feuerzeug vorbei. Er nahm es, rannte in sein Zimmer und sprang ins Bett. Unter der Decke richtete er sich auf allen Vieren auf, sodass er sie mit seinem Rücken nach oben drückte. Er holte die Taschenlampe unter dem Kopfkissen hervor und schaltete sie ein. Sie leuchtete anfangs heller, weil sich die Batterien etwas erholt hatten, dann war es nur noch so hell, dass Lukas das Feuerzeug in seiner Hand in die richtige Richtung drehen und sehen konnte, wo er es anknipsen musste.

Als er die Taste zum ersten Mal hinunterdrückte, gab es nur ein paar

Funken. Erst beim dritten Versuch leuchtete eine Flamme auf. Da es unter der Bettdecke sehr eng war, hielt Lukas sich das Feuerzeug sehr dicht vor die Nase. Er erschrak, als er die unerwartete Hitze der Flamme auf seinem Gesicht spürte. Das Licht des Feuerzeugs war viel heller als das der Taschenlampe. Lukas knipste es noch einmal an und versengte sich dabei die Haare.

Verbranntes Haar stinkt erbärmlich. Lukas musste darum die Decke zurückschlagen, um frische Luft atmen zu können. Im Tageslicht entdeckte er, dass er auch die Bettdecke angebrannt hatte; es war eine schwarze Stelle, in deren Mitte ein kleines Brandloch war.

»O nein, das merkt Mama!«, sagte Lukas zu sich. Er war mit einem Mal sauer auf das Feuerzeug. Wenn es nicht dort gelegen hätte, hätte er nicht so einen Blödsinn gemacht. Nun überlegte er sich, was alles hätte passieren können. Obwohl er die Flamme nur zweimal ganz kurz angemacht hatte, hätte nicht viel gefehlt und Lukas wäre mitsamt seinem Bett in Flammen aufgegangen. Und wenn er das Feuer nicht mehr hätte löschen können, wäre womöglich das ganze Haus mit allen fünf Stockwerken abgebrannt. Vielleicht wären dann außer ihm noch andere Menschen verbrannt. Und seine Eltern und Geschwister hätten keine Wohnung und keine Möbel mehr gehabt. Und – Lukas überlegte sich, was sie wohl sagen würden, wenn er nicht mehr da wäre.

»Siehst du, Lukas, ich hab doch gleich gesagt, du solltest das blöde Feuerzeug nicht nehmen!«, meldete sich die Stimme in seinem Inneren wieder.

Zuerst war er sauer auf sein rechthaberisches Gewissen und wollte sagen, dass es ja gar nicht so schlimm gekommen sei. Dann wurde er sich jedoch klar darüber, dass er der Katastrophe nur um Haaresbreite entgangen war. Was wohl Jesus von ihm denken musste! Auf jeden Fall hatte er einen oder mehrere Schutzengel zu ihm geschickt, die das Schlimmste verhindert hatten. Lukas wurde sehr kleinlaut und schämte sich dafür, dass er das Verbot seiner Eltern, mit Feuer zu spielen, nicht befolgt hatte. Außerdem war es kein gutes Gefühl, den inneren Kampf gegen die Versuchung verloren zu haben.

In diesem Augenblick öffnete sich die Tür, und Mama kam ins Zimmer. »Na, mein Kleiner, wie geht's dir denn? Das ist ja toll, dass du im Bett liegst. Ist es sehr langweilig?«

Lukas' Mutter beugte sich über ihren Sohn und strich ihm über den Kopf. Plötzlich erschrak sie: Sie hatte seine angesengten Haare bemerkt. »Lukas, willst du mir nicht etwas erzählen?«, fragte sie ruhig, aber besorgt.

»Mama, ich hab was Schlimmes gemacht …«, fing Lukas an. Dann begann er zu schluchzen und umklammerte seine Mutter. Sie hielt ihn in ihren Armen fest und sah ihm über die Schulter. Aus dem Feuerzeug, das neben dem Kopfkissen lag, seinen angesengten Haaren und dem Brandfleck in der Decke konnte sie sich ein Bild machen.

»Keiner wäre da gewesen, um dir zu helfen«, sagte sie leise.

»Doch, Mama«, meinte Lukas, »Gott war da – aber wenn er nicht aufgepasst hätte, dann wär's richtig schlimm geworden.«

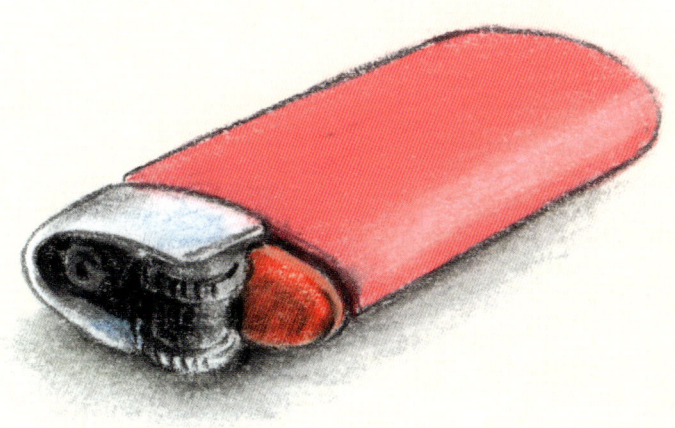

Die Sache mit dem Fahrrad

LUKAS TROTTETE HINTER seiner Mutter her. Sie hatte es eilig; sie wollte noch ihre Bluse aus der Reinigung holen, bevor die Läden schlossen.

»Hoffentlich haben sie den Fleck herausbekommen«, meinte sie.

»Was, wenn nicht?«, fragte Lukas zurück, ohne dass ihn die Antwort wirklich interessierte.

»Hier sind wir. Kommst du mit rein, Lukas?« Die Mutter ließ seine Hand los und ging in den Laden.

Lukas mochte nicht mit hineinkommen. Erstens konnte er den komischen Geruch nicht leiden, der in einer chemischen Wäschereinigung meistens war, und außerdem hatte er ein bisschen Angst vor den vielen hohen Maschinen mit ihren rollenden Wäsche-Bullaugen, in denen die Wäsche rotierte. Lukas versprach seiner Mutter, draußen vor dem Schaufenster des Spielzeugladens auf sie zu warten, der sich neben der Reinigung befand.

Lukas betrachtete die eine Hälfte des Schaufensters, in der verschiedene Lebensbereiche mit Playmobil-Figuren aufgebaut waren. Im anderen Teil des Fensters waren Lego-Modelle ausgestellt. Die wollte Lukas sich erst als Zweites ansehen, weil die noch interessanter waren. So eine Menge Playmobil würde er wohl nie besitzen …

»He, du da!«, rief hinter ihm ein Junge, der gerade aus der Toreinfahrt des Gebäudes kam. Er schob ein grünes Fahrrad neben sich her. Lukas war sich nicht sicher, ob der Junge ihn meinte, und wollte sich wieder dem Schaufenster zuwenden. »Ja, dich meine ich, du da am Schaufenster!« Inzwischen war der Junge bei Lukas. »Kannst du mal kurz auf das Rad hier aufpassen, ich muss noch mal ins Haus, hab was vergessen.«

Lukas wusste nicht recht, was er antworten sollte, doch eigentlich fühlte er sich geschmeichelt, dass er von einem Jungen, der viel älter war als er selbst, um einen Gefallen gebeten wurde.

Es dauerte nicht lange, bis der Junge wieder aus dem Haus kam, auf das Fahrrad stieg, welches noch etwas groß für ihn zu sein schien, und mit einem coolen »Und tschüss!« davonfuhr.

Lukas warf einen Blick durch das Fenster der Reinigung. Dort stand seine Mutter mit der Bluse in der Hand und unterhielt sich fröhlich mit der hellblau bekittelten Frau in dem Geschäft. Offensichtlich machte seiner Mutter der Reinigungsmief nichts aus, sodass es ihr nicht auf ein paar Minuten ankam. Sie hatte Lukas' Blick gespürt und winkte ihm kurz zu, was so viel hieß wie: ›Ich komme gleich, schau dir noch mal

die Sachen im Spielzeugladen an.‹ Lukas sah, wie die beiden Frauen noch einmal gemeinsam zu ihm hinausschauten; wahrscheinlich fragte die Frau nun, wie alt Lukas sei oder in welche Klasse er ging. Na, das konnte ja noch dauern.

Als er gerade wieder vor dem Schaufenster des Spielwarenladens stand, jetzt jedoch vor dem Teil mit den Legos, bemerkte Lukas gerade noch eine große Gestalt, die sich hinter ihm in der Schaufensterscheibe spiegelte. Dann spürte er den festen Griff einer starken Hand im Nacken. Ihm wurde zugleich heiß und kalt. Im ersten Moment wollte er sich losreißen; die Hand, die seinen Nacken umfasste, war jedoch zu stark.

»Du entkommst mir bestimmt nicht, kleiner Mann, da musst du früher aufstehen!« Es war die Stimme eines Mannes, die zu ihm redete und die ziemlich böse klang. Lukas wollte sich umdrehen, um zu sehen, wer mit ihm sprach, aber der eiserne Griff ließ nicht locker. Lukas spürte, wie sich sein Hals immer mehr verkrampfte. Wenn er doch nur gewusst hätte, was das alles zu bedeuten hatte!

Lukas wollte dem Mann sagen, wie weh ihm sein Hals tat, und ihn bitten, ihn endlich wieder loszulassen, doch er merkte, dass er kein Wort herausbrachte, entweder aus Angst oder wegen dieses Nackengriffs.

Nach einem schier unendlichen Augenblick sagte der Mann: »So klein und schon so verdorben! Stiehlt in diesem Alter schon Fahrräder! Doch das wird dir bald vergehen. Los, komm mit, du Früchtchen!«

Das konnte doch wohl nicht sein Ernst sein, der Mann dachte doch nicht etwa, Lukas habe das Fahrrad gestohlen! Doch der Mann wartete gar nicht auf eine Reaktion von Lukas. Er hatte immer noch seinen Nacken umklammert und schob ihn vorbei an dem Fenster der Reinigung, in der sich die beiden Frauen immer noch lachend unterhielten, zu einem parkenden Auto, in das er Lukas hineinschubste. Lukas blieb nun mit seinem schmerzenden Hals auf der Rückbank liegen und fing an, heftig zu weinen. Er hatte keine Vorstellung davon, was der Mann mit ihm vorhatte. Der Mann glaubte, Lukas habe sein Fahrrad gestohlen, und wollte ihn nun bestimmt dafür bestrafen.

Lukas kannte den Mann nicht, er wusste bis jetzt nur, dass er sehr böse auf ihn und dass er sehr stark war. Lukas hatte schon davon gehört, dass es Leute gab, die Kinder entführten und sie an einsamen Orten einsperrten.

Sie fuhren durch die Straßen der Stadt, doch konnte Lukas nicht genau sehen, wo sie waren, weil er immer noch Tränen in den Augen hatte. Endlich kam ihm der Gedanke, dass er um Hilfe rufen könnte. Aber der kleine Wagen hatte nur zwei Türen und die hinteren Seitenfenster ließen sich nicht aufmachen. Niemand würde ihn bemerken.

»Ich hab Ihr Fahrrad nicht gestohlen«, sagte Lukas leise zu dem Mann.

»Ich hab dich mit meinem Rad vorm Haus stehen sehen. Spar dir deine Ausreden für nachher auf.« Der Mann schien also schon zu wissen, was er mit ihm vorhatte.

Plötzlich wusste Lukas, wen er um Hilfe rufen konnte. Er glaubte ja, dass Jesus immer bei ihm war, also auch jetzt. Lukas betete, dass er ihn aus dieser schlimmen Lage befreien sollte. Er erinnerte sich an ein besonders schönes Psalmlied, das König David gedichtet hatte und das ihm seine Mutter vor einiger Zeit beigebracht hatte: »Der Herr ist mein Hirte, mir wird nichts mangeln.« So fing es an. Und an einer Stelle, weiter in der Mitte, hieß es: »Und auch wenn es ganz schlimm ist, brauche ich mich nicht zu fürchten, denn du bist bei mir.« Lukas wusste den genauen Wortlaut nicht mehr, aber den Inhalt hatte er behalten.

Dann fiel ihm ein, dass Jesus auch falsch beschuldigt worden war. In der Ostergeschichte hatte er gehört, dass Jesus auch Angst gehabt hatte. Bestimmt verstand er gut, dass er, Lukas, jetzt große Angst hatte. Papa hatte Lukas erklärt, dass Jesus für unsere Sünden hatte sterben müssen. Er war bestraft worden für etwas, was er überhaupt nicht gemacht hatte. Wenn er das für die Menschen durchgemacht hatte, musste er sie aber sehr lieb haben, dachte Lukas weiter. Dann konnte er Lukas jetzt überhaupt nicht vergessen, dann würde er ihm auch aus dieser schlimmen Sache heraushelfen. Lukas merkte, dass er immer ruhiger wurde; er hatte zwar immer noch etwas Angst, aber er wusste, dass er nicht allein war.

Der Mann lenkte den Wagen an den Straßenrand und hielt an. Lukas sah ein blaues Schild mit der weißen Aufschrift »Polizeiwache« und wusste nun, was der Mann vorhatte. Die Polizei konnte ihn ins Gefängnis bringen, aber sie würde nicht zulassen, dass der Mann ihm wehtat.

Obwohl Lukas freiwillig aus dem Wagen steigen wollte, meinte der Mann, ihn herauszerren zu müssen. Vor dem Wagen packte der Mann Lukas wieder mit seinem eisernen Nackengriff und schob ihn in das große Gebäude. Als sie schließlich an der richtigen Stelle angekommen waren, wurde Lukas von einem Polizeibeamten in einen Raum geführt, in dem er zu warten hatte, bis der Mann seine Aussage zu Protokoll gegeben hatte. In dem Zimmer hingen einige Poster, auf denen Szenen aus dem Polizeialltag abgebildet waren. Auf einem Bild waren zwei Schulkinder, vielleicht so alt wie Lukas, denen ein Polizist freundlich über die Straße half.

Lukas hatte Zeit, sich zu überlegen, was er den Beamten erzählen sollte. Er nahm sich vor, einfach alles so zu erzählen, wie es gewesen war. Vielleicht hatte er Glück, und der freundliche Beamte von dem Poster war da und würde ihm glauben. Die Wahrheit war immer das Beste, und außerdem würde ihm Jesus helfen. Lukas war sich ganz sicher, dass ihn seine Eltern bald hier abholen würden.

Schließlich holte ihn ein Polizeibeamter mit den Worten: »So, junger Mann, jetzt bist du dran«, in das Büro, in dem auch der Mann saß. Eine Polizistin schob Lukas, natürlich mit der Hand auf seinem Nacken, vor ihren Schreibtisch. Die Beamtin stellte ihren Stuhl dicht vor Lukas und setzte sich so darauf, dass die Lehne vorn war. Sie stützte sich mit den Ellbogen auf und sah Lukas in die Augen.

»Wenn das stimmt, was dieser Herr von dir erzählt hat, dann kannst du ziemlich viel Ärger bekommen.«

Im ersten Moment ließ sich Lukas einschüchtern, doch dann besann er sich darauf, dass ihm nichts geschehen konnte. Er nahm sich vor, alles zu erzählen, und zwar höflich und ruhig, weil die Polizistin ja nur ihre Arbeit tun musste. Nachdem er seinen Namen gesagt hatte, fing er bei dem Fleck auf Mamas Bluse an und erzählte, wie er vor dem Schaufenster gewartet habe, wie dann der ältere Junge gekommen sei und er, Lukas, ihm zu Gefallen einen Moment auf das grüne Fahrrad aufgepasst habe.

Zum Schluss seines Berichtes sagte Lukas: »Es tut mir leid, dass Ihnen das grüne Fahrrad gestohlen wurde. Es ist böse, anderen etwas zu stehlen. Jesus wäre sehr enttäuscht von mir, wenn ich das machen würde.«

»Merken Sie nicht, wie er uns um den Finger wickeln will mit diesem Gefasel?«, fragte der Mann die Polizistin.

Die Beamtin, die immer noch dicht vor Lukas falsch herum auf dem Stuhl saß, sah Lukas prüfend in die Augen. Lukas hielt ihrem Blick stand. Dann sagte sie: »Entweder ist dieser Junge ein Weltklasse-Schauspieler, oder er sagt die Wahrheit.« Sie sah Lukas noch einen Augenblick an und meinte: »Für einen solchen Schauspieler ist er noch zu jung.«

Nachdem Lukas der Polizistin den älteren Jungen so genau wie möglich beschrieben hatte, riefen sie seine Eltern an. Während Lukas auf der Wache auf seine Eltern wartete, stand der Mann missmutig auf und wollte den Raum verlassen.

Lukas sprach ihn von hinten an: »Sie haben mich einfach mitgenommen, und mein Hals tut jetzt noch weh.«

»Okay, Junge, du hast ja gewonnen. Entschuldigung …, war es das, was du hören wolltest?«

Lukas wusste, dass jetzt tatsächlich alles vorbei war. »Viel Glück mit dem Fahrrad, hoffentlich bekommen Sie es wieder«, sagte er freundlich.

»Hmm«, machte der Mann und verließ das Büro.

»Schade«, sagte Lukas nachdenklich, »der Mann kennt Jesus nicht.«

»Und du, kennst du ihn etwa?«, fragte die Beamtin, die gerade aufstehen wollte; so falsch herum kann schließlich keiner lange auf einem Stuhl sitzen.

»Na klar! … Ich meine, zum Glück«, sagte Lukas.

Es klopfte an der Tür. Papa kam, um Lukas abzuholen.

Der verdrehte Samstag

LUKAS WOLLTE NICHT ins Bett; erstens war er noch nicht müde, und zweitens wollte er noch dabei sein, wenn der Besuch kam. Seine Eltern hatten ein befreundetes Ehepaar zum Abendessen eingeladen. Aber außer Johanna, Lukas' ältester Schwester, durfte keines der Kinder dabei sein. Lukas protestierte: »Ich will noch aufbleiben, Johanna darf ja schließlich auch!«

»Die ist schon etwas älter. Außerdem langweilst du dich nur bei der Unterhaltung der Erwachsenen.« Die Mutter schob Lukas aus der Küche. »So, Schluss jetzt mit der Diskussion, ich muss noch etwas vorbereiten. Und du machst dich jetzt bitte fertig.«

»Immer dürfen die Erwachsenen bestimmen, und die Kinder müssen folgen!«, quengelte Lukas, während er ins Bad trottete.

Etwas später lag Lukas im Bett, sein Stoffkänguru im Arm. »Siehst du, so ist das mit den Großen, die dürfen immer alles bestimmen. Und wir müssen immer machen, was die sagen. Es müsste mal andersrum sein.«

Lukas' Vater hatte das Gespräch seines Jüngsten mit dem Stoffkänguru durch die angelehnte Tür mit angehört, als er nachsehen wollte, ob die Kinder schon schliefen. *Na, das können wir ja mal ausprobieren,* dachte er sich und ging zurück ins Wohnzimmer, wo er der Mutter von seiner Idee erzählte.

Am nächsten Morgen konnte die Familie in Ruhe frühstücken: Es war Samstag. Als Papa sein erstes Brötchen aufgegessen hatte, sagte er: »Was haltet ihr davon, wenn heute mal die Kinder bestimmen und die Eltern das tun müssen, was die

Kinder sagen? Wenn das so besser klappt, dann machen wir es vielleicht immer so.«

»Au ja!«, riefen Winni, Thomas und Lukas im Chor.

»Meinst du das ernst, Papa?«, wunderte sich Thomas. Und Johanna seufzte: »Auweia, das kann ja was geben.«

»Johanna kann gar nicht mitreden«, sagte Winni, »die geht ja nachher sowieso zu ihrer Freundin.« »Da bin ich auch ziemlich froh drüber!«, erwiderte die große Schwester. »Ich bin nur auf das Chaos gespannt, wenn ich wiederkomme.«

»Dürfen wir wirklich alles bestimmen?«, fragte Lukas nochmals etwas zweifelnd seine Mutter.

»Klar«, sagte Mama mit vollem Mund. »Was gibt es denn heute eigentlich zum Mittagessen?«

»Hmm, Spaghetti mit Fischstäbchen«, antwortete Lukas.

»Lecker!«, kommentierte Papa. »Das hat es schon lange nicht mehr gegeben.«

Mama dagegen meuterte: »Baaah, ich möchte aber keine Fischstäbchen essen.«

»Es wird gegessen, was auf den Tisch kommt«, beendete Thomas die Debatte.

Nach dem Frühstück gingen Papa und Mama spielen, das heißt, Papa ging zum Basteln in den Hobbykeller und Mama setzte sich mit einem neuen Buch ins Kinderzimmer. Es war schönes Wetter, und so spielten die Jungen Fußball im Hof. Antonio vom zweiten Stock kam noch dazu und Manuel, ein Nachbarjunge. Irgendwann wurde Antonio von seiner Mutter zum Essen gerufen. Manuels Eltern dagegen waren heute nicht da, er hatte auch über Mittag Zeit.

Die Jungen mussten schon ziemlich lange gespielt haben, da meinte Lukas: »Mensch, ich hab vielleicht einen Hunger! Wann gibt's denn endlich was?«

»Weiß nicht«, antwortete Winni, »wie spät ist es denn?«

Thomas sah auf seine Armbanduhr: »Was, schon halb drei?«

»O Mann, wir müssen doch heute bestimmen. Das hab ich ganz vergessen!«

»Hab auch nicht mehr daran gedacht«, sagte Lukas. »Los, beeilen wir uns, ich sterbe vor Hunger. Wahrscheinlich müssen wir auch noch selbst kochen.«

»Auweia, bis dahin sind wir verhungert.« Unter weiterem Jammern gingen die verzagten Helden ins Haus. Die Eltern kamen sofort auf sie zu und fragten, wann es denn endlich etwas zu essen gäbe.

Winni krempelte sich zum Kochen die Ärmel hoch und fragte seine Mutter: »Sag mal, Mama, wo sind denn die Fischstäbchen?«

»Ich weiß nicht, wo du sie hingetan hast«, antwortete Mama, »wenn ich welche kaufe, lege ich sie ins Eisfach. Wart ihr denn schon einkaufen?«

Lukas schaute zu Winni und Winni schaute zu Thomas. Thomas schaute wieder zu Lukas. Einkaufen? Daran hatten sie auch nicht gedacht.

»Mal sehen, was wir noch in der Tiefkühltruhe haben«, sagte Winni entschlossen. »Wir werden bestimmt noch was finden.«

Er fischte einen Block gefrorenen Spinat und eine Packung Bohnen heraus. Der Braten, den er im Kühlschrank gefunden hatte, war für Sonntag. Die drei jungen Köche tauten das Essen in der Mikrowelle auf und kochten es anschließend in einem Topf. So gab es einen etwas dünnflüssigen Spinat-Bohnen-Eintopf. Der Nachtisch war im Gegensatz dazu mehr nach ihrem Geschmack: Es gab Pistazien-Eis mit grünem Wackelpudding. Den Eltern war das ganze Mittagessen etwas zu grün. Mama nörgelte am Essen herum, wie sie es bei ihren Kindern gelernt hatte. Keiner der Jungen zeigte besondere Begeisterung über das selbst gekochte Essen außer Lukas, aber auch er war genau genommen nur von der einheitlich grünen Farbe angetan.

Es war kurz vor vier Uhr, als die Familie zu Mittag gegessen hatte.

Am Nachmittag taten die Jungen noch ausgiebig das, wozu sie Lust hatten und was ihnen sonst selten oder gar nicht erlaubt wurde. So hatte beispielsweise Winni eine

Schwäche für Nougatcreme. Das war heute die Gelegenheit: Entschlossen ging er an den Küchenschrank und fing an, die Creme mit dem Löffel aus dem Glas zu essen, als Trost für das misslungene Mittagessen. Als er mindestens die Hälfte ausgelöffelt hatte, war ihm so übel, dass er sich still in sein Zimmer verkrümelte.

Lukas dagegen nutzte sein Bestimmungsrecht dazu, eine Fernsehsendung nach der anderen anzuschauen. Als Papa um sieben Uhr bescheiden fragte, ob er die Nachrichten sehen könne, hatte Lukas nicht nur »viereckige« Augen, sondern die vielen Sendungen hatten ihn ganz durcheinandergebracht. Er wusste nicht mehr, was er alles gesehen hatte; viele Dinge machten ihm Angst, und manche hatte er überhaupt nicht verstanden. In einigen Sendungen wurde auch nur geredet, und das war furchtbar langweilig.

Thomas lachte über seine beiden Brüder und dachte, er sei der einzige Vernünftige von ihnen. »Wenn man bestimmen darf, dann muss man auch die Verantwortung tragen«, sagte er sich und holte den Korb mit der frisch gewaschenen Wäsche aus dem Keller. Zuerst wollte er die Wäschestücke in die Schränke einsortieren, merkte jedoch sehr schnell, dass er nicht auseinanderhalten konnte, wem sie gehörten. Außerdem war es ja notwendig, Hosen, Blusen und Hemden vorher zu bügeln. Also holte er das Bügeleisen. Merkwürdigerweise bekamen die Sachen beim Bügeln eher mehr als weniger Falten. Und als Thomas sich zum zweiten Mal gehörig die Finger am Bügeleisen verbrannt hatte, hatte er plötzlich überhaupt keine Lust mehr, vernünftig zu sein. Er ließ die Wäsche im Stich und ging in sein Zimmer.

Als Johanna nach Hause kam, stolperte sie als Erstes über den Wäscheberg im Flur. In der Küche sah es nicht besser aus: Dort stapelte sich das dreckige Geschirr von Frühstück und Mittagessen. Im Wohnzimmer saß Lukas erschöpft und weinerlich neben Papa auf dem Sofa.

»Du meine Güte!«, sagte Johanna. »Es ist wohl doch so schlimm, wie ich befürchtet hatte.«

»Noch viel schlimmer«, sagte Mama, die gerade eine Wärmflasche gegen

Winnis Bauchschmerzen vorbereitete.

Johanna amüsierte sich köstlich, als sie erfuhr, was es zum Mittagessen gegeben hatte. »Das war ja ein verdrehter Samstag«, sagte sie. »Die werden ganz schön froh sein, wenn alles wieder normal ist.«

Und so war es auch. Als Papa die Jungen vor der Abendandacht fragte, wie ihnen dieser Tag gefallen habe, sagten Thomas, Winni und Lukas kleinlaut, dass sie lieber wieder ganz normale Kinder sein würden. Sie verstanden jetzt, warum Gott es so geordnet hatte, dass Kinder ihren Eltern gehorchen sollen und nicht umgekehrt.

Spaziergang mit Papa

LUKAS' VATER LIEBTE Spaziergänge. Er pflegte auf unterschiedliche Arten spazieren zu gehen. Eine Möglichkeit war, dass er allein ging. Dann musste er sich, wie er sagte, schwierige oder wichtige Dinge überlegen. Meistens waren das Sachen, von denen Lukas und seine Geschwister noch nichts verstanden. Dann gab es die andere Spaziergehensweise, bei der die ganze Familie oder ein Teil davon mitging. Meistens fand das statt, wenn Besuch da war, und das gab es oft.

Dann gab es Spaziergänge – fast immer waren es Abendspaziergänge –, bei denen gingen Papa und Mama nur zu zweit. Lukas dachte sich, dass sich seine Eltern bei solchen Spaziergängen nette Dinge sagten. Er hatte nämlich schon oft beobachtet, wie sie sich an der Hand fassten oder wie Papa den Arm um Mama legte. Lukas wusste, dass sie sich sehr lieb hatten, und das machte ihn froh. Er hatte Schulkameraden, bei deren Eltern es anders war.

Ja, und dann gab es bei seinem Vater noch die Art von Spaziergängen, bei denen er eines seiner Kinder mitnahm. Es wurde immer abgewechselt. Mal ging Johanna mit, mal waren Winni oder Thomas dran und manchmal eben Lukas.

Heute war er an der Reihe. Auf einem solchen Spaziergang zeigte und erklärte ihm sein Vater immer alle möglichen Dinge, die Lukas selbst noch gar nicht aufgefallen waren. Außerdem konnte Lukas seinem Papa mal nach Herzenslust Löcher in den Bauch fragen. Und Späße konnte Papa machen, dass Lukas Lachtränen in die Augen bekam.

»Schau mal, Papa, das Auto!«, rief Lukas, als ein silberner Sportwagen

an ihnen vorbeifuhr. »So eins hab ich noch nie gesehen. Was für eine Marke ist das denn?«

»Das ist ein ganz alter Mercedes-Sportwagen, ein Oldtimer«, antwortete Lukas' Vater, »seine Türen gehen nach oben auf, man nennt sie ›Flügeltüren‹.«

»Kann der Wagen fliegen?«, interessierte sich Lukas daraufhin.

»Nein, nein. Man nennt die Türen so, weil sie so aussehen, als wären sie Flügel.«

»Aha«, meinte Lukas. Dann fragte er, wie ein Auto eigentlich von allein fahren könne. Der Vater gab sich Mühe, Lukas zu erklären, wie ein Motor funktioniert und wie er die Kraft über ein Getriebe auf die Räder überträgt.

Als ihm Papa das alles erklärt hatte, meinte Lukas: »Mensch, die Leute, die sich das alles ausdenken, die müssen aber ganz schön schlau sein! Wie kann man bloß einen Motor erfinden?«

»Tja, Lukas, der Verstand ist eine besonders großartige Gabe Gottes,

die er nur den Menschen gegeben hat. Damit können sie sich viele Dinge ausdenken, erfinden und auch erklären und verstehen. Aber was meinst du, wie groß müssen erst Gottes Gedanken sein! Überleg dir mal, was er sich in seiner Schöpfung alles ausgedacht hat!«

»Hmm, zum Beispiel Kängurus«, meinte Lukas lachend.

»Ja, auch die. Kängurus magst du wohl besonders gern, seit du eins getroffen hast, was? Oder schau dich zum Beispiel mal selbst an. So einen Lukas wird es kein zweites Mal geben, und so einen hat es noch nie gegeben. Gott hat dich und alle Menschen absolut einmalig geschaffen.«

»Wie ein Motor funktioniert, weiß ich ja jetzt, mit den ganzen Kolben und Zündkerzen und Zylindern. Funktionieren Menschen auch so kompliziert?«, wollte Lukas jetzt wissen.

»Oh, Lukas, einen Menschen kann man gar nicht mit einem Motor vergleichen. Ein Auto ist ein technisches Glanzstück, aber von Menschen konstruiert. Aber die Konstrukteure eines solchen Autos sind selbst von Gott erschaffen. Und alle Lebewesen, allen voran der Mensch, sind Wunderwerke, die Gott gemacht hat.«

Papa machte eine Pause, denn Lukas musste sich erst einmal überlegen, was das bedeutete. Inzwischen waren die beiden in den Stadtpark gekommen. Lukas hatte ein Steinchen im Schuh. Er setzte sich auf eine Parkbank und zog den Schuh aus. Papa hockte sich vor ihn und sagte: »So, pass mal auf, Lukas. Ich zeig dir mal, was ich meine.«

Er zog seinem Sohn den Strumpf aus. »Mach mal, was ich dir sage«, forderte er Lukas auf. Der wusste nicht recht, was jetzt kam. Erwartungsvoll sah er seinen Vater an.

»Wackel doch bitte mal mit der großen Zehe.«

Lukas tat es und schaute wieder auf seinen Vater. Der setzte sich nun neben Lukas auf die Bank, legte einen Arm um seine Schulter und sagte: »Überleg dir mal, was gerade passiert ist.«

»Was denn?«, fragte Lukas. »Es ist doch gar nichts passiert, außer dass ich mit meiner großen Zehe gewackelt habe.«

»Na, das ist schon eine ganze Menge. Dabei ist ziemlich viel abgelaufen. Pass mal auf: Zuerst sagte ich zu dir, du solltest mit deiner Zehe wackeln. Dabei hat mein Mund das ausgesprochen, was mein Gehirn ihm aufgetragen hatte. Du hast die komischen Geräusche aus meinem Mund mit deinen Ohren aufgefangen; und weil du als kleines Kind unsere Sprache gelernt hast, wurden diese Geräusche für dich zu Wörtern, die dein Gehirn verstehen konnte. Von dort aus wurde dann ein Befehl durch deinen ganzen Körper hindurchgeschickt, vom Kopf bis zum Fuß. Die Leitung ging über Nerven, die schließlich die Muskeln deiner großen Zehe in Bewegung versetzten.«

Jetzt war Lukas platt. »Aber Papa, dann passieren ja schon bei allen Kleinigkeiten Tausende von Sachen!« Lukas zupfte seinen Vater am Schnurrbart. »So wie jetzt.«

»Da hast du recht, aber manchmal passieren auch größere Sachen, wenn man seinem Papa zu doll am Bart zieht!« Damit packte Papa den nackten Fuß seines Sohnes mit der einen Hand und begann ihn mit der anderen zu kitzeln. Ausgerechnet – wo Lukas doch so kitzelig war! Er versuchte, sich unter lautem Gelächter und großem Gestrampel aus Papas Griff zu befreien.

Es entstand eine lustige Rauferei auf der Parkbank, die schließlich damit endete, dass Lukas auf seinen Vater hinaufkletterte und ihm, Kopf nach unten, einen dicken Kuss verpasste.

»Ist ja ein komischer Spaziergang heute«, meinte Papa schmunzelnd, während er seine verstrubbelten

Haare zurechtstrich und Lukas seinen Schuh wieder anzog. Dann gingen sie weiter.

»Du …?«, fragte Lukas nach einer Weile. »Stammt ein Auto von einem Boot ab?«

»Huch, was ist das denn für eine Frage? Natürlich nicht. Wenn man ein Auto braucht, dann baut man ein Auto, und wenn man auf dem Wasser fahren muss, baut man ein Boot.«

»Warum gibt es dann Leute, die sagen, dass die Menschen von Fischen oder Affen abstammen?«

»Leider glauben das heute ziemlich viele Leute, das hast du richtig beobachtet, Lukas. Weißt du, Menschen, die nicht glauben, dass es den lebendigen Gott gibt, glauben auch nicht, dass alles von ihm erschaffen ist. Sie müssen sich eine andere Erklärung zurechtlegen. Und so sagen sie, alles sei zufällig entstanden, im Lauf vieler Jahrmillionen.«

»Was sind Jamillonen, Papa?«, fragte Lukas.

»Jahrmillionen – das sind tausend mal tausend Jahre, also eine sehr, sehr lange Zeit.«

»Das sind aber langsame Zufälle. Da sind die Fische und Affen doch schon lange ausgestorben, bis sie zum Menschen geworden sind.«

»Nun, die Leute, die das glauben, behaupten ja auch, dass sich die eine Art bei jeder neuen Generation immer nur ein ganz kleines bisschen verändert hat, so lange, bis eine neue Art daraus wurde. Es soll mit ganz einfachen Lebewesen angefangen haben, bis sich daraus schließlich Menschen entwickelt haben.«

»Woher wollen sie denn wissen, ob's so war?«, meinte Lukas. »Es dauert doch viel zu lange zum Zuschauen.«

»Es wurden einige Skelette von Tieren gefunden, die es heute nicht mehr gibt. Und auch welche von Menschen, die den Affen recht ähnlich sehen. Sie sagen, dies seien die Zwischenstufen zwischen verschiedenen Tieren oder zwischen Tier und Mensch.«

»Glaubst du, dass so was sein kann, Papa?«, fragte Lukas besorgt.

»Nein, mir ist das zu unwahrscheinlich. Es ist so unsinnig, als würden Autos aus Schiffen entstehen. Aber vor allem glaube ich das, was in der Bibel steht.« Lukas schaute seinen Vater erleichtert an. »Das hat sich in meinem Leben bewährt. Im Lauf der Zeit sieht man immer deutlicher, dass das, was dort steht, wahr ist. Und dass Gott die Menschen und alles andere erschaffen hat, steht in der Bibel vorn an erster Stelle.«

»Und ganz zum Schluss steht, dass er alles wieder neu und heil macht, stimmt's, Papa?«

»Ja, das ist richtig, Lukas. Und das wird gar nicht mehr so lange dauern.«

»Da bin ich aber froh, dass wir nicht Millionen Jahre warten müssen, bis alles zufällig wieder heil wird.«

Lukas nahm Papas Hand und schlenkerte sie vor und zurück. Da vorne war schon der Hauseingang.

EBERHARD JÜRGEN SAUTER engagierte sich schon als Schüler und Student in der Jugendarbeit. Viele Anregungen entnahm er den Erlebnissen mit diesen Kindern, teils aber auch aus seiner eigenen Kindheit. Später schrieb er sie für die Kinder von Freunden auf. Inzwischen hat er eine eigene große Familie, mit der er in Norddeutschland wohnt. Bücher und Geschichten spielen bei allen eine wichtige Rolle.

RONALD DUNCKERT war auch mal Kind und kann sich sogar noch daran erinnern. Schon damals hat er viel gezeichnet und gemalt. Irgendwann machte er sein Hobby zum Beruf und arbeitet heute als Gestalter und Illustrator. Wenn er nicht gerade zeichnet, liest er sehr gerne seinen vier Kindern Geschichten vor.